Manfred Mohr
Verzeih Dir!

MANFRED MOHR

Verzeih Dir!

Inneren und äußeren Frieden
finden mit Ho'oponopono

Allegria

Allegria ist ein Verlag der Ullstein Buchverlage GmbH

ISBN 978-3-7934-2256-3

© 2013 by Ullstein Buchverlage GmbH, Berlin
Umschlaggestaltung: FranklDesign, München
Umschlagillustration: Blanchette/Fotolia
Illustrationen im Innenteil: Blanchette/Fotolia
Satz: Keller & Keller GbR
Gesetzt aus der Bembo
Druck und Bindearbeiten:
CPI – Clausen & Bosse, Leck
Printed in Germany

Inhalt

Vorwort

*Der Schwache kann nicht verzeihen. Verzeihen ist
eine Eigenschaft des Starken. (Mahatma Gandhi)*

*Ich kann die Rätsel alle dir der Schöpfung sagen –
denn aller Rätsel Lösungswort ist mein, die Liebe. (Rumi)*

Jeder Krieg beginnt in unserem Inneren. Bin ich mit einem
anderen Menschen innerlich verstrickt und denke schlecht
über ihn, wird sich dieser Zwist früher oder später auch in
meinem äußeren Leben manifestieren. Genauso führen Gedanken von Stress oder Leistungsdruck, die ich ja eigentlich nur in
meinem Inneren verspüre, früher oder später zu noch mehr
äußeren Umständen in meinem Leben, die mir wiederum
noch mehr Unruhe verschaffen. Bin ich innerlich in Wut oder
Groll, so kann ich nicht erwarten, in einer friedlichen und
ruhigen Welt zu leben. Denn meine Innenwelt steht immer im
Kontakt zu meiner Außenwelt. Den alten Zivilisationen unserer Welt waren diese Zusammenhänge bestens bekannt. Für die
Mystiker unseres Mittelalters brachte es Meister Ekkehard in
unserem Kulturkreis auf den kurzen Nenner: »**Wie innen, so
außen. Wie außen, so innen.**«

Auf der anderen Seite der Erdkugel fanden auch die Hawaiianer in diesem Zusammenhang zu ihrer uralten Weisheit: »Vor
dem Sonnenuntergang sollst du Vergebung üben.«

Die Hawaiianer wussten bereits, dass ein nicht bereinigter
und damit im Inneren eines Menschen schwelender Konflikt
rasch zu einem handfesten Kampf im Außen zu eskalieren ver-

mag. Mithilfe eines Priesters lernten sie darum, den aufge-
wühlten Menschen wieder zurück zu seiner Mitte zu geleiten.
Dieses Ritual heißt bei ihnen »Ho'oponopono«, was sich in
etwa übersetzen ließe mit »Etwas tun, um innerlich zu Frieden
zu gelangen«. Nur so lässt sich nach ihrem Glauben auch der
äußere Friede im Familienverbund aufrechterhalten. Die gute
Nachricht also ist: Auch jeder Frieden beginnt in unserem
Inneren.

Es liegt allein an mir. Wofür entscheide ich mich? Ich habe es
in der Hand. Verzeihen ist mein eigener Entschluss. Wähle ich
Frieden oder Krieg? Wähle ich Liebe oder Hass? Verzeihen
ist eine Entscheidung hin zur Liebe. Die Liebe in mir gibt mir
dann die Kraft, zu verzeihen und Hass oder Unfrieden zu überwinden. Verzeihen braucht die Kraft der Liebe, um uns selbst
am eigenen Zopf aus dem Sumpf unserer Gedanken und Gefühle zu ziehen, die voll von Verurteilungen und Anklagen sind.
Darum sagt Mahatma Gandhi: »Verzeihen ist eine Eigenschaft
des Starken.« Denn bin ich schwach, wird mein Ego mithilfe
meiner Gedanken immer weiter argumentieren, um scheinbar
besser zu sein, größer oder toller. Die Stärke zu verzeihen resultiert aus der Liebe, die zunächst bei mir selbst beginnt, um dann
zum Menschen neben mir hinüberzuschwappen. Diese Liebe
macht es möglich, mein Ego zu zähmen und den innerlichen
Kampf zu beenden.

Liebe und Verzeihen sind darum eng miteinander verbunden. Das eine bedingt das andere. Liebe und Selbstliebe sind
die Schlüssel zur Fähigkeit, mir und anderen verzeihen zu
können.

Wie aber gelingt es mir nun, mich selbst zu lieben und mir
selbst zu verzeihen?

Dieses Buch bietet dir eine Anleitung zu mehr Selbstliebe und zur Steigerung deiner Fähigkeit zu verzeihen. Und ich wünsche dir, dass du bei der praktischen Anwendung der Übungen die Erfahrung machen wirst: **Je mehr du liebst, umso mehr liebt dich dein Leben zurück!**

Im ersten Teil möchte ich die Wurzel des Verzeihens ergründen und damit beginnen, auf das Geheimnis der Liebe näher einzugehen. Rumi wird mit den Worten zitiert: »Ich kann die Rätsel alle dir der Schöpfung sagen – denn aller Rätsel Lösungswort ist mein, die Liebe.« Wem es gelingt, das Rätsel der Liebe zu entwirren, der wird alle Rätsel lösen. Dieser Abschnitt dreht sich um die Frage: »Was ist Liebe eigentlich?« Denn wer Ho'oponopono verstehen möchte, kommt um diese Fragestellung nicht umhin. Darum habe ich der Liebe einen so großen Anteil an diesem Buch gewidmet.

Teil zwei steigt in die hawaiianische Betrachtungsweise der Welt näher ein. Hier wird dir die alte Vergebungstechnik des Ho'oponopono erläutert und verwandte Methoden werden vorgestellt. Im Mittelpunkt steht dabei das »Hoppen«, eine dem Ho'oponopono sehr ähnliche Technik, die ich gemeinsam mit meiner Frau Bärbel in unserem Buch *Cosmic Ordering* bereits 2008 vorgestellt habe. Beim Hoppen nutzt man die Liebe im Herzen, um Probleme im Leben zu verbessern oder ganz aufzulösen. Liebe ist der Dreh- und Angelpunkt.

Das Hoppen hat sich im Laufe der letzten Jahre natürlich weiterentwickelt. So entstanden auf natürliche Weise neue Unterarten, genauso wie ein Ast im Frühling neue Zweige treibt. Im dritten Teil präsentiere ich darum die schönsten und wirkungsvollsten dieser neuen Praktiken, die in den letzten Jahren bei der Anwendung des Hoppens entstanden sind. Auch diese basieren vor allem auf der Kraft der Liebe und des Verzeihens, die sich in meiner wachsenden Fähigkeit zeigt, den anderen Menschen mit neuen Augen zu sehen. Probleme wandeln sich danach auf fast schon magische Weise. Oder verwandle nicht eher ich mich mit diesen Techniken selbst? Indem ich verzeihe?

Bei allen in diesem Buch vorgestellten Ansatzweisen bleibt das Wichtigste jedoch der Mensch neben mir. Die Kunst zu lieben und zu verzeihen beginnt bei meinem Nachbarn, meinem Kollegen und meiner Umwelt. Neal Donald Walsch lässt Gott in seinen Büchern gern sagen: »Ich habe dir immer nur Engel geschickt.« Ein anderer Mensch kreuzt nämlich deshalb unseren Weg, damit ich durch ihn etwas über mich selbst lernen und erfahren darf. Auch dies ist ein Engel, ein Bote der Liebe.

Das Universum ist so freundlich und präsentiert uns immer wieder unsere ureigensten Themen, die wir in diese Inkarnation mitgebracht haben. Und immer durch andere Menschen, immer in neuen Verkleidungen, damit wir uns in ihnen spiegeln. Darum nenne ich andere Menschen, mit denen ich Probleme habe, gerne »Entwicklungshelfer«. Ich soll mich in ihnen erkennen.

Wie in einer Dunkelkammer beim Entwickeln eines Films sehe ich dabei zunächst die Hand vor Augen nicht. Ich tappe lange Zeit im Dunkeln. Erst wenn ich diesen anderen Menschen zu lieben beginne, schalte ich damit das Rotlicht in der Kammer an. Und erkenne endlich, welchen Film ich gerade entwickle. Es ist mein Lebensfilm. Liebe geschieht nicht nur zwischen zwei Menschen. Die Kunst zu lieben birgt in sich auch die große Fähigkeit, wirklich zu leben. Wer das Leben mit seinen Höhen und Tiefen voll und ganz bejahen kann, der fängt damit an, auch das Leben an sich zu lieben. Die Liebe ist der Weg zu leben. Denn die Liebe ist das Leben selbst.

Viel Freude beim Lesen, Lieben und Verzeihen wünscht
Manfred Mohr

Man fühlt sich!

Die Liebe
lässt den Menschen werden
sie erhebt ihn und macht ihn leicht
sie schenkt ihm Flügel
und verwandelt ihn in Engel.

Die Liebe
lässt den Menschen beten
sie schützt ihn und schenkt ihm Trost;
sie bereitet ihm sein Bett
in der Ewigkeit
seiner Seele.

Manfred Mohr

Einleitung
Wie ich Ho'oponopono entdeckte

Vergebung öffnet die Tür zur Freiheit,
und du erkennst plötzlich –
du selbst warst der Gefangene. (Max Lucado)

Das beste Mittel, sich selbst kennenzulernen,
ist der Versuch, andere zu verstehen. (Clemens von Brentano)

Mein erster Kontakt zu Ho'oponopono bestand aus einer einzigen E-Mail, die Ende 2006 in unserem Freundeskreis die Runde machte. Bärbel und ich konnten kaum glauben, was hier beschrieben stand. Eine komplette Krankenstation mit geisteskranken Kriminellen wurde von einem Therapeuten so gut geheilt, dass die Abteilung danach geschlossen werden konnte. Der hawaiianische Therapeut Dr. Ihaleakala Len hatte dabei noch nicht einmal direkten Kontakt zu seinen Patienten. Alles, was er tat, war das Lesen der Krankenakte. Dabei fragte er sich immer wieder: »Womit um alles in der Welt habe ich mir das erschaffen?« Und wenn er einen Grund fand, sagte er zu sich selbst die Sätze: »Es tut mir leid. Ich liebe dich.« Damit heilte er, über einen Zeitraum von eineinhalb Jahren hinweg, die ganze Krankenstation. Diese Form der Therapie wurde in der E-Mail als Ho'oponopono bezeichnet.

Zu dieser Zeit erhielten wir viele interessante Artikel, und so geriet der hawaiianische Therapeut bald in Vergessenheit. Außerdem erschien uns diese Geschichte doch recht zweifelhaft. Zwei Monate später berichtete uns jedoch unsere enge

Freundin Ruth, sie habe mithilfe dieser E-Mail ihr Problem mit ihrem Expartner schlagartig verbessern können. Wie wir wussten, zahlte ihr Verflossener bislang keinen Unterhalt für das gemeinsame Kind. Freudestrahlend berichtete uns Ruth nun, dass die ersten Buchungen inzwischen auf ihrem Konto eingegangen seien. Das wollten wir dann doch genauer wissen. Ruth erzählte uns, sie hätte, wie in der E-Mail beschrieben, in sich hineingefühlt und sich gefragt, womit sie sich diese Situation erschaffen haben könnte. Sie war dann ganz ehrlich gegen sich selbst und fand heraus, wie sehr sie ihren Exmann verdammte. Immer noch dachte sie mit Wut im Bauch und voller Anklage an die gemeinsame Zeit zurück.

Kaum wurde ihr das bewusst, sagte sie zu sich auch schon die Sätze: »Es tut mir leid. Ich liebe dich.« Und sie konnte spüren, wie sich innerlich in ihr etwas löste und es ihr leichter ums Herz wurde. Etwas in ihr fühlte sich befreit. Die Spannung und der Groll, mit dem sie bisher an ihren alten Partner dachte, verflogen mit einem Mal. Und das spürte auch der Mann. Als er beim nächsten Mal das Kind für ein Wochenende abholte, machte er von sich aus den Vorschlag, ab sofort Unterhalt zu zahlen. Ruth musste gar nichts sagen. Ihr stand sowieso gerade der Mund offen. Ihre neue verbesserte Stimmung strahlte schon aus ihren Augen. Ihr Exgatte reagierte nur darauf.

Ruths Geschichte beeindruckte Bärbel und mich sehr. Das wollten wir dann doch auch einmal versuchen! Leider stellten wir fest, dass zu diesem Zeitpunkt noch nicht viel mehr als diese E-Mail zum Thema Ho'oponopono vorhanden war. Also folgten wir dem Beispiel von Ruth und probierten es einfach aus. Genauso wie Bärbel viele Jahre zuvor das Bestellen in die Welt brachte.

Es war in etwa so wie ein kleines Kind, das laufen lernt. Zuerst wussten wir gar nicht, wie das überhaupt gehen sollte. Denn wir waren ja, bildlich gesprochen, das Krabbeln gewöhnt. Aber jeder Versuch brachte uns ein Stückchen weiter. Gemeinsam mit Freunden wie Ruth sprachen wir über unsere Erfahrungen, und bald standen wir das erste Mal »auf eigenen Füßen«. Wir hatten unsere eigene Form des Ho'oponopono ausgetüftelt. Da wir aber zu der Frage »Wie habe ich das erschaffen?«, so gar keinen Zugang finden konnten, entstand mehr aus der Not heraus unsere eigene Form, die Bärbel dann das »Hoppen« taufte.

Von da an wurde unser Wohnzimmer mehrmals im Monat von kleinen Gruppen bevölkert, die unserer Einladung zum Hoppen folgten. Es war ein richtiger Boom. Und tatsächlich – ganz viele kleine und größere Problemchen in unserem Leben lösten sich in Luft auf. Wann immer wir mit Bekannten ins Gespräch kamen und jemand über einen anderen klagte oder gar schimpfte, schlugen wir ihm vor: »Lass uns dieses Thema doch mal gemeinsam hoppen.«

Vor allem Bärbel war völlig aus dem Häuschen. Sie entdeckte für sich, dass jedes Hoppen einen neuen Teil von ihr ans Licht brachte, der schon lange auf seine Entdeckung gewartet hatte. Gemeinsam stellten wir voller Freude fest, wie sich scheinbar ausweglose Situationen zum Besseren wendeten, wenn wir sie hoppten. Hoppen bekam bei uns dann bald einen hohen Stellenwert. Für Bärbel wurde das Hoppen sogar die neue Form des Wünschens. Genau darum wurde unser Buch zum Hoppen aus dem Jahr 2008 auch *Cosmic Ordering – die neue Dimension der Realitätsgestaltung nach dem alten hawaiianischen Ho'oponopono* betitelt. Der Begriff »Cosmic Ordering« ist die englische Bezeichnung für das Bestellen und sollte helfen, das Hoppen vom Bestellen abzugrenzen. Und wirklich – durch das Hoppen entfaltete sich unsere Wirklichkeit auf eine ganz neue und noch schönere Weise.

In der Folgezeit sammelten wir immer mehr Erfahrungen. Es zeigte sich, dass diese Vergebungstechnik vor allem gewinnbringend in den engsten zwischenmenschlichen Beziehungen eingesetzt werden konnte. Also in Ehe, Partnerschaft und Familie. Meine Beziehung zu Bärbel wurde immer besser, denn statt zu streiten, fragten wir uns dann lieber gleich, welchen Anteil jeder von uns an diesem Disput in sich trug.

Es zeigte sich zum Beispiel schnell, dass ich die Tendenz hatte, innerliche Spannungen und Disharmonien von der Arbeit mit nach Hause zu bringen. Statt dann Bärbel die Schuld zu geben für meine Unzufriedenheit, lernte ich bald, die Verantwortung für meine schlechte Laune selbst zu tragen. Verantwortung ist für mich auch der Schlüsselbegriff dieser revolutionären Technik. Wenn ich Ho'oponopono betreibe oder hoppe (du kannst dir im Laufe des Buches selbst aussuchen, was dir besser gefällt), werde ich selbst verantwortlich für jede Situation in meinem Leben. Schaue ich mir ein Problem an, werde ich ganz oft eine Resonanz in mir entdecken, die ihren Teil zum Thema beiträgt. An allem in meinem Leben trage ich einen Anteil. Wenn ich mich mit meiner Partnerin streite, dann ist der Streitfunke in mir. Und ich stelle fest, meine Partnerin ist vielleicht nur der Blitzableiter für diese innere Spannung.

Heute muss ich sagen, früher habe ich mich in gewisser Weise manchmal sicher verantwortungslos verhalten. Weil ich es nicht besser wusste, habe ich mich an Bärbel gerieben und auch mit ihr gestritten. Gründe finden sich immer. Durch die Entdeckung des Hoppens konnten wir aber beide erkennen, welchen

Anteil wir in uns tragen, der diese spannungsreiche Situation herbeigeführt hat. Je mehr wir beide begannen, die Verantwortung für unseren Anteil an der Beziehung zu tragen, umso besser wurde auch unsere Beziehung überhaupt. Und jeder von uns hat immer mal wieder Gefühle wie Wut, Angst, Neid und Minderwertigkeit in sich, die im Außenkontakt Probleme bereiten können.

Ich nehme mich immer selber mit, überallhin. Zu jeder Zeit. An jeden Ort. Darum bin ich an allem, was mir in meinem Leben widerfährt, beteiligt. Und darum habe ich für alles, was in meinem Leben geschieht, die volle Verantwortung. Ganz einfach, weil es in meinem Leben geschieht. Alles in meinem Leben hat mit mir zu tun. An allem in meinem Leben bin ich beteiligt. Im wortwörtlichen Sinn ist die gesamte Welt meine Schöpfung. Und diese Welt scheint im Moment danach zu dürsten, durch die verschiedensten Formen von Vergebungsarbeit transformiert zu werden. Die Energie der Vergebung ist seit einigen Jahren sehr stark auf der Erde aktiv und will sich in immer neuen Arten ins Leben bringen. Hoppen und Ho'oponopono sind nur einige davon. Die ganze Welt möchte sich mit sich selbst versöhnen. Unsere Fähigkeit zur Versöhnung wächst zurzeit stetig, und sie ist viel größer, als wir bisher angenommen haben. Dabei kann Versöhnungsarbeit spielerisch und leicht gelingen. Hoppen war und ist für mich immer noch eine Art nettes Gesellschaftsspiel unter Gleichgesinnten. Versöhnen darf auch Spaß machen.

Das Wichtigste beim Hoppen ist aber wie bei allem, was wir tun: Mach es aus dem Herzen. Wichtiger als die genaue Technik ist die gute Absicht dahinter. Und die Reinheit im Herzen, die wir dabei pflegen. Hoppen ist darum mit der Zeit für mich die wichtigste Methode geworden, mich mit dem Herzen zu verbinden. Es geht hier vor allem um die Liebe. Um Hoppen zu begreifen, ist es hilfreich, auch die Liebe zu verstehen. Und damit kommen wir nun zum ersten Teil dieses Buches: zum Feld der Liebe.

TEIL 1
DAS FELD DER LIEBE

1

Was ist das – Liebe?

Früchte wachsen durch die Sonne.
Menschen wachsen durch die Liebe. (Martin Buber)

Wenn ich Gutes tue, fühle ich mich gut.
Wenn ich Schlechtes tue, fühle ich mich schlecht.
Das ist meine ganze Religion. (Abraham Lincoln)

Um Verzeihung üben zu können ist es unabdingbar, immer mehr in die Liebe zu finden. Erst die Liebe schenkt uns überhaupt die Fähigkeit zu verzeihen. Dabei scheint es vielleicht zuerst einfacher zu sein, einem anderen Menschen zu verzeihen als mir selbst. Über das eben zitierte hermetische Prinzip des »Wie außen, so innen« spiegelt mir jedoch jede Vergebung, die ich Menschen im Außen zukommen lasse, immer auch die gewonnene Fähigkeit, mir selbst in meinem Innern verzeihen zu können. Wenn ich dir verzeihen kann, so kann ich es auch mir selbst. Und umgekehrt. Hauptsache, ich fange irgendwo damit an. Und jeder Schritt in Richtung Verzeihung ist ein Schritt in Richtung Liebe.

Um den Begriff Verzeihung wirklich zu verstehen und auch praktizieren zu können, geht kein Weg an einer genaueren Definition von Liebe vorbei. Ich möchte dieses Buch über Vergebung und das hawaiianische Ritual des Ho'oponopono darum mit einer näheren Betrachtung des Wörtchens Liebe beginnen.

Was ist Liebe eigentlich? Schauen wir einmal genauer hin, dann bekommt sie plötzlich sehr viele Bedeutungen. Wenn wir von Liebe reden, meinen wir damit zumeist die Liebe zu einem Menschen, zur Familie oder zu unseren Kindern. Es gibt aber noch sehr viele weitere Arten: etwa die Heimatliebe, die Liebe zur Natur, die Liebe zu unserem Beruf oder unserem Hobby oder auch die Liebe zu Gott. Ganz wichtig ist aber vor allem die Selbstliebe. Die größte Kunst bleibt es nämlich, uns selbst lieben zu lernen. Meister Ekkehard sagte darum so treffend: »Alle Liebe dieser Welt ist auf Selbstliebe begründet.« Liebe beginnt bei mir selbst. Wenn es mir gelingt, mich selbst zu lieben, werde ich wie ein Brunnen, der über seinen Rand hinausfließt und der so auch die umliegende Erde bewässert. Wenn es mir gelingt, mir selbst zu geben, eröffne ich damit die Gabe, auch anderen Menschen geben zu können. Liebe ich dagegen mich selbst nicht, ist der Brunnen mehr oder minder vertrocknet. Und es bleibt kaum ein Tröpfchen Wasser übrig für mich selbst oder meine Mitmenschen. Dann wird auch das Verzeihen schwierig. Denn um verzeihen zu können, braucht es die Liebe zu mir selbst.

Ich möchte darum eine scheinbar simple Frage stellen. Was ist eigentlich Liebe für dich? Was bedeutet sie dir? So beginne ich auch zumeist meine Seminare über das Thema Selbstliebe. Wenn ich mit einer Gruppe über Liebe spreche, ist es sicher sinnvoll, wenn wir dieselbe Grundlage haben. Durch diese Frage lege ich die Basis für das folgende Seminar. Ich möchte dies auch in diesem Buch tun. Die Teilnehmer rufen mir dann einfach in den Raum zu, was sie unter Liebe verstehen. Ich nehme mir dann eine große Tafel und schreibe einfach alles auf, was den Mitstreitern einfällt. Und das ist immer eine ganze Menge. Denn jeder definiert Liebe für sich speziell. Jedem bedeutet sie unendlich viel, aber auf besondere Weise. So bitte ich dich hier, dir innerlich ebenfalls diese Aufgabe zu stellen: Wie würdest du Liebe umschreiben? Wenn du nur ein oder zwei Worte zur Verfügung hättest, um die Bedeutung von Liebe für dich näher zu erklären, welche Worte wären das? Es wäre schön, wenn du dir wirklich Zeit für die Antwort nimmst.

Leg das Buch ein paar Minuten auf die Seite und finde deine Liebesdefinition. Denk an Liebe. Sicher fallen dir ganz besondere Stationen deines Lebens ein, die voller Liebe sind.

Wenn zwanzig oder mehr Menschen ihre Bedeutung von Liebe in einen Topf werfen, dann sieht die Liste meist ungefähr so aus (vielleicht sind deine Umschreibungen ja auch dabei): Vertrauen, Geborgenheit, Freude, Friede, Einklang, Erfülltheit, Loslassen, Weite, Größe, Mitgefühl, Einssein, Gemeinschaft, Vergebung, Annahme, Zuversicht, Bedingungslosigkeit, Ekstase, Bereitschaft, Teilen, Wachstum, Glück und noch vieles mehr.

Wie geht es dir damit, diese Vielzahl von Begriffen zu lesen, mit denen Menschen Liebe umschreiben? Und sei dir sicher, es gibt noch sehr viele Worte, die hier unerwähnt geblieben sind. So unterschiedlich können Menschen Liebe verstehen. So verschieden wird der Begriff Liebe von uns interpretiert.

Wenn mein Kind mir sagt: »Papa, ich hab dich lieb«, dann freut mich das natürlich ungemein und macht mich glücklich. Aber was meint mein Kind denn genau genommen damit? Ist es nicht so, dass mein Kind das Gefühl hat, mich lieb zu haben? Und um dieses Gefühl geht es doch bei der Liebe: Mein Kind fühlt Vertrauen, es fühlt sich geborgen, es fühlt Freude mit mir, um die ersten drei Begriffe der Bedeutung von Liebe von oben einzufügen. Und es drückt dies alles und noch viel mehr aus in dem einen Satz: »Ich hab dich lieb.«

Liebe ist ein Gefühl, das ich in mir trage. Ich selbst spüre es. Um es kundzutun und dem anderen mitzuteilen, sage ich: »Ich hab dich lieb.« Dabei übersetze ich aber das Gefühl in ein Wort, das mir passend erscheint. Aber dieses Wort begrenzt mein vielleicht riesengroßes Gefühl in nur fünf Buchstaben. Dabei schwingt vielleicht so viel Zuneigung in mir, dass ich eigentlich einen Roman darüber schreiben könnte.

Wenn ich also zu dir sage: »Ich hab dich lieb«, dann ist meine Vorstellung davon, was Liebe ist, ganz sicher anders als deine. Und schon geht die Verwirrung los. Denn ich übersetze deinen Satz in meiner Vorstellung zu dem, was mir selbst dieser Satz bedeutet. Das ist in etwa so, als würde ich Latein in Griechisch übersetzen. Bei der Interpretation geht leider immer etwas verloren. Und etwas Neues wird dazugedichtet.

Du bist ein eigenständiger Mensch, und dies zeigt sich auch in deiner besonderen Definition von Liebe. Ich könnte auch sagen, jeder Mensch hat eine eigene Vorstellung von Liebe. Eine Vorstellung von etwas ist aber leider anders als ihre Realität.

Was aber ist Liebe wirklich? Hinter all den Schleiern, die unsere Vorstellung darum gesponnen hat? Gibt es etwas Allgemeingültiges, das für Liebe in jeder Art zutrifft? Was macht Liebe aus? Was ist der Kern der Liebe?

Betrachte ich meinen Umgang mit Liebe genauer, dann beginnt sie für mich zunächst bei der Zuneigung zu meinen Kindern, meiner Familie und meinen Freunden. Über diesen engsten Kreis von Menschen um mich herum führt Liebe dann weiter auch zur Akzeptanz der Menschen meiner näheren Umgebung, etwa am Arbeitsplatz oder in der Nachbarschaft.

Liebe schließt aber für mich auch die grundsätzlich bejahende und wohlwollende Einstellung dem Leben als solchem gegenüber ein, wie widrig die Lebensumstände und Wendungen des Schicksals auch sein mögen. Aus dieser grundsätzlich annehmenden Haltung entspringt für mich die tiefe Zuversicht, dass das Schicksal es gut mit mir meint. Das Leben ist gut zu mir. Das Leben liebt mich, und ich liebe mein Leben. Liebe wird damit zu einer stärkenden und zutiefst beglückenden Kraft. Sie bündelt sich, verwebt sich und fließt zusammen in eine universelle Kraft der Liebe.

Buddhas Aussage: »Es gibt keinen Weg zum Glück. Glück ist der Weg«, möchte ich gern abwandeln und sagen: »Es gibt keinen Weg zur Liebe. Liebe ist der Weg.« Liebe ist der Weg und das Ziel – gleichzeitig. Wer diesen Weg geht, findet zum Ziel. Das Lieben zu erlernen ist für mich damit die Königsdisziplin in der Schule des Lebens geworden.

Meine Entwicklung hin zu diesem weitgefassten Verständnis von Liebe möchte ich dir in diesem Buch darlegen. Wenn ich Liebe in einem Wort beschreiben sollte, so würde ich den Begriff Annahme wählen. Annahme beginnt dabei zunächst bei mir selbst, geht weiter über die Annahme anderer Menschen und führt über die Annahme meiner Lebensumstände hin zur Aussöhnung und Bejahung meines Schicksals.

Liebe ist für mich das Werkzeug schlechthin, mit dem ich als Mensch die Fähigkeit geschenkt bekomme, jegliches Gefühl von Trennung in mir zu heilen und zu überwinden. Denn das Gegenteil von Annahme ist Ablehnung. Und alles, was ich ablehne, stelle ich außerhalb von mir. Dies soll von mir fernbleiben, soll bloß nicht zu mir gehören, und führt darum in mir zum Gefühl von Trennung. Überall dort, wo ich trenne, fühle ich mich später selbst abgelehnt und allein. Wenn ich einen Menschen annehmen kann, dann kann ich ihm auch verzeihen. Annahme ist der erste Schritt in diese Richtung.

**Je mehr ich ablehne,
umso mehr fühle ich mich getrennt.**

**Je mehr ich annehmen kann,
umso mehr fühle ich mich verbunden.**

Genauso ist der Schuldvorwurf gegen jemand anderem eine Ablehnung und trennt ihn von mir. Andererseits ist Vergebung ein Prozess der Annahme und verbindet mich mit dem anderen.

Bin ich im Gefühl von Verbundenheit, öffnen sich meinen Augen auch eine ganze Reihe von Analogien, die mir vorher unsichtbar geblieben sind. Für mich symbolisiert das Bild des fallenden Regentropfens eindrucksvoll meinen Weg vom Gefühl des Getrenntseins hin zur wachsenden Annahme. So, wie ich selbst mit anderen zu verschmelzen lerne, verschmelzen auch die Tropfen. Ein Stück weit ist es für mich auch ein Sinnbild für meine Inkarnation als Mensch auf dieser Erde:

Tropfen

*Das Leben gleicht Wasser auf Erden
ein Tropfen bin ich und allein
um einst wieder eins zu werden
verschmolzen im Meere des Sein.*

*Wie Regen so fall ich hernieden
zu Anfang ganz blind und auch stumm
vereinzelt fühl ich mich geschieden
von Tropfen, die um mich herum.*

Nach außen zeig ich erst das andre
weil du doch so anders auch bist
je mehr ich das Leben durchwandre
erkenn ich im Du, was es ist.

Das Du kommt und spiegelt mich wider
in allen Facetten des Seins
es reißt meine Vorstellung nieder
bringt Klarheit hinter falschen Schein.

Und hab ich Gewissheit gefunden
dass das Du meinem Innren ganz gleicht
hab Ablehnung ich überwunden
ist Stille und Frieden erreicht.

Dann sieht sich ein Tropfen und leuchtet
erkennt sich im anderen ganz
verschmilzt und durchdringt und befeuchtet
den anderen liebend im Tanz.

Und aus diesem Tropfen da wachsen
erst Pfützen, dann Bäche und Seen
sie gleichen den laichenden Lachsen
die heimwärts zum Ursprung nun gehn.

Um sich einst im Meer zu ergießen
ein Körper von Tropfen vereint
die einträchtig heilig nun fließen
in Einheit zum Licht, das nun scheint.

Bin ich alle Tropfen gewesen
dann sind alle Tropfen auch ich
Mensch kann nur als Ganzes genesen
im Lieben von dir lieb ich mich.

Manfred Mohr

So, wie sich jeder Tropfen ganz ursprünglich aus sich selbst heraus mit anderen Tropfen verbindet, um weiterzufließen und größer zu werden, schenkt auch mir die Annahme anderer Menschen wie auch meiner Lebensumstände ein immer größer werdendes Gefühl von dem, was ich auch noch bin. Im Idealfall fühle ich mich schließlich gar nicht mehr von anderen Wesen getrennt. Dies ist vergleichbar mit dem Tropfen, der am Ende ins Meer fließt und verbunden ist mit allen anderen Tropfen. Ja, es gibt diesen Tropfen in seiner alten Form schon gar nicht mehr, seine Hülle hat er längst verloren und er erlebt sich so als unendlich groß.

Der Schlüssel, um die Trennung überwinden zu lernen, liegt für mich in der Kultivierung von Liebe. Je mehr wir lieben, umso weniger fühlen wir uns getrennt. Damit wird die Liebe für mich eine Art unsichtbares energetisches Feld, das es mir ermöglicht, mit allem in Verbindung zu treten. Je größer die Liebe im Menschen wird, umso größer wird auch die Verbundenheit zur umgebenden Welt. Auch durch Verzeihen gelingt diese enge Kontaktaufnahme.

Wenn ich mit den Menschen und Dingen verbunden bin, dann kann ich sie auch beeinflussen und zum Besseren verändern. Denn ich bin dann ein Teil von allem. Alle Techniken und Methoden in diesem Buch nutzen diese einfache Beziehung: Durch Liebe und Vergebung trete ich in Verbindung mit dem

Feld der ungeahnten Möglichkeiten. Durch Liebe und Vergebung gehe ich auf eine Ebene, die Probleme und Verstrickungen heilt und auflöst. Durch Liebe und Vergebung nutze ich meine Fähigkeit, die scheinbare Wand zwischen mir und meiner Umwelt zu überspringen. Der große Graben der Trennung schließt sich langsam. Verzeihen bringt mich meinen Mitmenschen immer näher.

Indem ich mein Feld der Liebe stärke, heile ich es und bringe es in Gleichgewicht. Dieses Feld ist allumfassend und umspannt die ganze Welt. Damit beinhaltet es auch jedes Lebewesen, jeden Menschen und jedes Tier. Wenn ich mein Feld heile, gelingt mir darum auch die Heilung jedes Problems, das mit mir zu tun hat und das zwischen mir und der Welt besteht. Denn es gibt nur ein allumspannendes Feld, das uns heilen und beschützen kann.

Wenn ich mein Feld heile,
heile ich auch deins.

Walter Russell, der große amerikanische Universalgelehrte, schreibt in seiner »Botschaft der Göttlichen Iliade«: »Liebe ist der große Isolator vor jedem Übel, das den Körper angreifen kann. Liebe ist das große Gleichgewichtsrad, das es uns unmöglich macht, unseren Körper durch Emotionen zu verletzen, die ihn vergiften. Jedes Gefühl, gleich welcher Art, das nicht auf Liebe basiert, vergiftet den Körper und zerrt an den Nerven in dem Ausmaß der Abweichung dieses Gefühls vom Gleichgewicht, vor der uns nur die Liebe schützen kann.«

Wir alle können diese Frequenz der Liebe benutzen. Es ist ein bisschen so wie beim Radiohören, ich kann selbst entscheiden, welchen Sender ich hören möchte. Und wie beim

Autofahren in den Bergen kann dabei manchmal mein Radio krächzen, weil ich hinter den Berg fahre oder weil ich im Tal bin. Hier ist ein Loch im Empfang, und ich empfange nichts. Befinde ich mich aber oben auf der Passhöhe, ist der Empfang hervorragend.

Dies ist sinnbildlich für die Liebe. Entferne ich mich von der Liebe, dann ist es, als führe ich hinter den Berg. Dann bin ich weniger auf Empfang. Dann habe ich kaum noch eine Empfindung, mit dem anderen Menschen meiner Umgebung verbunden zu sein. Fahre ich aber auf den Berg hinauf und bin schließlich ganz oben, dann empfange ich die Liebe grenzenlos, und ich bin plötzlich mit allen anderen Menschen verbunden. Ob ich im Tal fahren möchte oder auf den Gipfel hinauf, bestimme ich selbst.

Eine andere Analogie zur Liebe hat mit dem scheinbar paradoxen Satz zu tun: »Die größte Fähigkeit zur Veränderung resultiert aus der vollkommenen Annahme des Istzustandes.« Bärbel hat ihn gern zitiert.

Viele Menschen denken nun vielleicht, wenn ich den Zustand annehme und akzeptiere, dann will ich ihn ja gar nicht mehr verändern. Es ist aber so ähnlich wie beim Schmieden eines Schwertes: Um das Eisen biegen und bearbeiten zu können, muss ich es erst erhitzen. Und zwar so sehr, bis es rotglühend ist. Würde ich das Metallstück ohne Hitze formen wollen, wäre es unsagbar anstrengend, ein Schwert zu schmieden – wenn nicht sogar völlig unmöglich. Der Vorgang des Schmiedens braucht einfach die Energie des Feuers.

Solch ein Feuer ist auch entfacht, wenn ich den Istzustand annehmen und lieben kann. Gelingt mir dies, ist das Eisen heiß und formbar. Alles wird möglich, denn das rotglühende Eisen kann in jede gewünschte Form gebracht werden. Lehne ich aber den Istzustand ab, ist kein Feuer vorhanden. Dann ist mein Eisen kalt, und es ist so gut wie gar nicht mehr formbar. Ich kann keinen Einfluss mehr darauf nehmen.

Viele Tipps zum Annehmen von Situationen und Menschen wirst du in den folgenden Kapiteln finden. Vielleicht ist in diesem Bauchladen der verschiedensten Techniken auch eine dabei, die dir zusagt und die ein Werkzeug der Liebe für dich werden kann. Dann wäre der Zweck dieses Büchleins für mich bereits erfüllt.

2

Zur Liebe braucht es Unvernunft

Die Liebe ist der Liebe Preis. (Friedrich Schiller)

Und nur der ist etwas, der etwas liebt.
Nichts sein und nichts lieben ist identisch. (Ludwig Feuerbach)

Das Bild des Tropfens ist auch ein guter Einstieg, um einen wesentlichen Aspekt von Liebe unter die Lupe zu nehmen. Wenn zwei Tropfen sich annähern, dann kommt ganz von selbst ein Punkt, bei dem sie sich gegenseitig aufsaugen, um miteinander zu verschmelzen. Plötzlich macht es schwupp, und es ist nur noch ein einziger doppelt so großer Tropfen da. Meine Kinder spielen dieses Tropfenspiel gern auf einer Glasscheibe. Es ist ja auch faszinierend, dabei zuzusehen, wie vollkommen der eine Tropfen im anderen aufgeht. Um verschmelzen zu können, geben beide Tropfen ihre alte Natur auf, um eins werden zu können. In dieser Formulierung erinnert mich das Verhalten der beiden Tropfen sehr an eine Liebesbeziehung unter uns Menschen.

Wenn ich mich verliebe, muss ich auch eine alte Form aufgeben. Vielleicht kennst du das ja selbst. Als ich Bärbel kennenlernte, war schon nach wenigen Monaten klar, dass wir eine Familie gründen wollten. Also zog ich von Köln nach München und ließ sehr viel hinter mir. Ich gab meine behagliche Junggesellenbude auf, suchte mir eine neue Arbeitsstelle und verabschiedete mich von den engsten Menschen um mich herum – Familie, Freunde und Nachbarn. Ich gab meine alte Umgebung auf, um eine neue Form zu finden. Gemeinsam mit Bärbel gründete ich eine kleine Familie. Dies war nun meine neue Lebensstruktur. Wie die beiden Tropfen gab ich mein altes Leben auf, um einen neuen Anfang zu wagen.

Mein altes Leben in Köln war mir bestens bekannt. Jeden Winkel meiner damaligen Wohnung kann ich noch heute genauestens beschreiben. Mit meinem Umzug nach München war eine große Anzahl von Unwägbarkeiten verbunden: Wie würde meine neue Arbeitsstelle sein? Was erwartete uns im Umfeld der neuen Wohnung? Welche Herausforderungen warteten auf mich, wenn bald unsere Zwillinge zur Welt kamen? Sicher kennst du auch diese merkwürdige Angst in dir, die sich immer dann einstellt, wenn Veränderungen anstehen. Mein Verstand möchte heute schon wissen, was morgen in München auf mich zukommt. Dem Ruf meines Herzens zu folgen bedeutete, die Liebe an die erste Stelle zu setzen. Und meinen Verstand mit seinen Zweifeln schlafen zu schicken.

Liebe verbindet.
Verstand trennt.
Liebe überwindet die Trennung.

So, wie es für uns Menschen natürlich und grundgegeben ist, aus Liebe zu heiraten und eine Familie zu gründen, selbstverständlich ist es für zwei Tropfen, sich zu vereinen. Alles auf dieser Welt folgt diesem Prinzip, immer auf seiner speziellen Ebene.

Fast scheinen sich die beiden Tropfen zu erinnern, wie sie einstmals im Ozean gemeinsam geschwommen sind. Dann folgten sie dem Kreislauf des Wassers, wurden Dampf, dann

Wolke und regneten schließlich auf die Erde. Es war ihr natür-
lichster Instinkt, dem sie dabei folgten.

Als ich Bärbel kennenlernte, waren wir beide uns sofort so
merkwürdig vertraut, so als würden wir uns schon eine Ewigkeit kennen. Es war für uns beide nur natürlich, zusammenzu-
kommen und eine Familie zu gründen. Es war für uns beide, als
sollte es einfach so sein.

Darum birgt dieses Verhalten der Wassertropfen für mich
eine tiefe Faszination. Sie scheint mir so vertraut. Wenn es so
ist, dass Liebe die ganze Welt durchdringt und verbindet, dann
wirkt sie in allem, was ist. In Menschen, Tieren, Steinen, in den
Pflanzen, dem Wasser und der Erde. Könnte man dann so weit
gehen und sagen, Pluspol und Minuspol ziehen sich an, weil
sie sich lieben? Umkreist der Mond die Erde, weil sie sich so
ungemein sympathisch finden? Sind Magnetismus und Gravi-
tation vielleicht beide im Grunde nur derselbe Ausdruck von
Liebe, die zusammenführen möchte, was zusammengehört?
Um die Trennung zu überwinden? Mir jedenfalls ist dieser
Blickwinkel irgendwie ungemein sympathisch.

Für uns Menschen ist Liebe jedenfalls immer auch mit dem
Dilemma verbunden, zwischen Herz und Kopf hin- und her-
gerissen zu sein. Jeder von uns hat in seinem Leben schon bestimmte Erfahrungen gemacht, und in Bezug auf Liebe waren
sie mitunter auch schmerzvoll. Unser Verstand möchte uns
deshalb vor weiteren unliebsamen Erfahrungen schützen und
schenkt uns Zweifel und Fluchtinstinkte, wenn die neue Liebe
lockt. Unser Herz aber will es wagen. So braucht es auch Mut,
um sich neu zu verlieben, und eine gehörige Portion Unvernunft. Unser Verstand kann die mit der sich entfachenden Liebe
einhergehenden Gefühlswallungen einfach nicht verstehen.
Gefühle sind eben eine ganz andere Ebene als der Verstand.

Jeder von uns kennt doch dieses innere Wechselspiel von Hoffen und Harren, wenn die Liebe zu einem anderen Menschen sich gerade entfalten möchte. Und wie schön, denn ohne dieses Hin- und Hergerissensein wären unsere Lyrik, die Dichtkunst und auch unsere persönlichen Dramen um einiges ärmer. Ein bisschen Romeo oder Julia sind wir doch alle gern, oder?

Es ist die tiefste Eigenart von Liebe, uns eine ganze Fülle von Gefühlen schenken zu wollen. Liebe kann schön sein. Liebe kann Glück schenken. Liebe kann wehtun. Liebe ist so. Der Dalai Lama sagt deswegen: »Großes Glück und große Liebe bedeuten großes Risiko.« Denn alles auf dieser Welt ist vergänglich.

Darum vergleiche ich die Liebe auch gern mit einer Rose. Sie ist wunderschön, ihr Duft kann verzaubern. Und doch birgt sie in sich die Gefahr, durch ihre Dornen zu stechen und zu verletzen, wenn ich sie pflücken möchte, um sie in meinen Besitz zu bringen. Mal Hand aufs Herz: Was wäre die Rose ohne ihre Dornen? Wäre es noch eine Rose?

Diese verwirrende Eigenschaft der Liebe hat besonders Schiller auf den Punkt gebracht. Liebe ist wunderschön. Und Liebe kann Schmerz bereiten. Wer liebt, ist bereit, beide Seiten dieser Medaille anzunehmen. »Die Liebe ist der Liebe Preis.«

Die Liebe ist das Feuer des Lebens, sie kann Begeisterung entzünden und sie kann uns verbrennen. Zu lieben bedeutet, diese beiden Seiten der Liebe zu akzeptieren. Wer den Preis der Liebe erringen möchte, ist gleichzeitig auch bereit dazu, den Preis dafür zu zahlen. Zu lieben bedeutet, Ja zu sagen mit allen Konsequenzen. Wer den Vertrag der Liebe unterschreibt, der steht damit auch gern für das Kleingedruckte ein. Liebe ist so.

Man kann sie nur annehmen, wie sie ist. Darum scheint es mir so, als wären in dieser grundsätzlichen Eigenschaft von Liebe schon ihr ganzer Sinn und ihre Bestimmung verborgen: Annahme. Liebe bedeutet Annahme. Wenn ich liebe, nehme ich die Freuden und Leiden der Liebe in Kauf. Beim Gehen des Weges der Liebe erhalte ich darum meine Lektionen der Annahme unablässig, indem ich den geliebten Menschen so annehmen kann, wie er ist. Mit allen guten und allen schlechten Eigenschaften. Mit allen Begabungen und allen Fehlern. Nach Tucholskys Motto: »Man muss die Menschen so nehmen, wie sie sind. Es gibt keine anderen.«

Gerade unsere engsten Partnerschaften schenken uns dazu besonders gut Gelegenheit. Bei Bärbel und mir war es ein stetiger Prozess. Beide waren wir sehr unterschiedlich, sodass wir lernen durften, auch die Sichtweise des anderen anzunehmen und zu respektieren. Die Geburt unserer Zwillinge stellte uns dann vor ganz neue Herausforderungen, die es auch zu lieben und anzunehmen galt. Wir sind daran gewachsen. Schließlich sorgte Bärbels Krankheit dafür, auch diese Seite des Daseins anzunehmen und dankbar zu sein für die gemeinsame Zeit miteinander. Und auch der Tod ist Teil unseres Lebens. Auch er möchte als Stufe unseres Weges integriert und angenommen sein. Dann schenkt uns vielleicht die Liebe und die Demut vor ihm die nötige Kraft, unser Feuer so groß werden zu lassen, dass wir auch den Sturm des Lebens in der Art zu verstehen lernen, wie es ein arabisches Sprichwort nahelegt: »Der Sturm lässt die Kerze verlöschen, aber er facht das Feuer an.«

Für mich ist die Liebe wie dieser Sturm. Wenn ich mich vor ihm verstecke, werde ich niemals die Erfahrung geschenkt bekommen, durchgepustet zu werden, um ganz zu entflammen. Dann bleibt mein Licht immer klein. Ganz Ja zur Liebe zu sagen bedeutet für meinen Verstand ein Risiko. Ist mein Feuer groß genug? Werde ich diese Herausforderung meistern? Wird es wehtun?

In der Liebe gehören Glück und Schmerz zusammen. Das eine gehört untrennbar zum anderen. Sie werden nur im Doppelpack geliefert. Und genau um dieses Paradoxon dreht sich unser Leben. Genau das macht unser Leben aus. Nur wer liebt, lebt wirklich, wie Ludwig Feuerbach sagt: »Und nur der ist etwas, der etwas liebt. Nichts sein und nichts lieben ist identisch.« Wer nicht wagt zu lieben, der lebt darum frei nach dem Motto »Wasch mich, aber mach mich bitte nicht nass!«. Erst die Liebe macht das Leben lebenswert. Erst wenn ich den Mut habe, aus dem Nest zu hüpfen, werde ich wissen, wie berauschend und kostbar die Fähigkeit zu fliegen ist. Und natürlich gibt es die Gefahr, dabei abzustürzen.

Unser Verstand wird sich im stillen Kämmerlein genau überlegen, wie hoch das Nest über dem Boden ist, er wird Windrichtung und Windstärke auskundschaften und auf alle Fälle den Fallschirm und den Erste-Hilfe-Kasten einstecken. Er wird das Risiko kalkulieren und jedes Für und Wider abwägen. Nach Wochen der Berechnungen wird er dann vielleicht bereit sein für den großen Sprung. Aber ist es dann noch dasselbe? Ist das Nest dann überhaupt noch da? Vielleicht ist ja die Gelegenheit selbst verflogen, wenn ich selbst schon nicht geflogen bin.

Das ist das Schöne an der Liebe. Im Feuer ihrer Begeisterung folge ich meinem Impuls. Ich wage, ich liebe, ich lebe. So wie ein Tanz im Augenblick geschieht, so wie ein Maler aus dem Impuls heraus seine Farbe setzt, so wie ein Sänger im Fluss der Musik singt und sich treiben lässt. Ich verspüre den Drang in mir und ich drücke mich aus. Als Bild, als Lied, als Tanz. Auch das ist Liebe. Wie könnte mich ein Bild entzücken, hätte der Maler seinen Pinsel nicht in Liebe geführt. Wie könnte ein Gesang mich verzaubern, hätte der Sänger nicht die völlige Hingabe zur Musik. Wie könnte ein Sonnenuntergang mich beglücken, wäre nicht auch er nur ein einzigartiger Ausdruck der Liebe. Liebe ist das, was uns berührt. Auch wenn dies meist fernab vom Verstand geschieht.

3

Emotionen
in der Welt der Wissenschaft

Naturwissenschaft ist der Glaube an die
Unwissenheit der Experten. (Richard Feynmann)

Sie sind schlecht beraten, gab der Meister nach einer Weile
zu bedenken, wenn Sie meinen, ein auch nur halbwegs
brauchbares Verstehen dieser dunklen Zusammenhänge
könnte Ihnen weiterhelfen. Es handelt sich hier um Vorgänge,
an die der Verstand nicht heranreicht.
(Eugen Herrigel, Zen in der Kunst des Bogenschießens)

In unserer heutigen Welt wird nun aber gerade unserem Verstand ein sehr hoher Stellenwert beigemessen. Die Erkenntnisse von Wissenschaft und Technik haben uns ja auch erst den hohen Lebensstandard ermöglicht, in dem die westliche Welt heute schwelgen darf. Meine Betrachtungsweise der Tropfen steht dagegen eher der Weltsicht vieler Ureinwohner nahe, die wir heute vielleicht belächeln. Zu sehr ist es unserer anerkannten Wissenschaft gelungen, Einzug zu halten in unser Denken und in die Art, wie wir die Welt sehen. Als Kehrseite der Medaille wurde dabei aber leider der Verstand zu sehr in den Vordergrund gehoben und dient uns nun als vorrangige Messlatte für unseren Glauben und wie wir die Welt begreifen. Unser Gefühl ist dabei leider ins Hintertreffen geraten. Und das finde ich sehr schade.

Um wieder zurück zur Liebe zu finden, braucht es auch ein gehöriges Maß an Unvernunft. Liebe liegt auf einer völlig anderen Ebene als der Verstand. Darum kann uns die Hinwendung zur Liebe auch Antworten und Lösungen schenken, auf die unser Verstand niemals gekommen wäre. Denn durch die Liebe können wir wieder zurück zu einem innigen Kontakt mit der Umwelt finden. Dabei lernen wir, die Trennung zu überwinden, die erst durch den Verstand und seine rationale Herangehensweise an die Welt herbeigeführt worden ist.

Die Liebe und ihre Gabe zu empfinden und die Welt zu fühlen können wir aber wieder neu erlernen. Und die Weisheit der Ureinwohner kann uns dabei helfen. Später werde ich daher die Sichtweise der Kahunas, der Priestergilde im alten Hawaii, näher vorstellen. Zunächst möchte ich mir aber einen tieferen Blick auf die Wissenschaft erlauben, um die tragende Rolle der Emotionen auch hier, in den Tempeln des Wissens, deutlich zu machen. Denn wirklich rein im Verstand ist auch die Wissenschaft nicht. Sie tut nur gern so.

Ich bin selbst von Haus aus Chemiker und habe im Fachbereich physikalische Chemie promoviert. Darum bin ich mit dem wissenschaftlichen Arbeiten sehr vertraut. Nach außen hin werden Forschungsergebnisse gern mithilfe langer Messreihen, großer Datenmengen und einer aufwendigen Statistik verkauft. Der Leser soll ja anhand dieser Fakten von der Genauigkeit und Aussagekraft der Ergebnisse überzeugt werden. Außerdem erhält jeder Lehrstuhl bestimmte Forschungsgelder, die anhängig von den dort erzielten Erfolgen sind. Darum will natürlich jeder Forscher seine Ergebnisse als besonders gut darstellen. Mein Lehrstuhl hatte sich besonders mit Statistik beschäftigt, und darum klingt mir der ketzerische Satz noch heute in den Ohren: »Trau keiner Statistik, die du nicht selbst gefälscht hast!« Gefälscht ist hier eher freundlich gemeint, denn natürlich gibt es immer wieder gute Kriterien, warum bei einer Präsentation bestimmte Ergebnisse herausragend dargestellt werden und andere Messwerte eben unter den Tisch fallen. Da wird aus einer kleinen Delle gern mal ein Berg, wenn ich nur die Skalierung fein genug wähle. Die Mücke wird plötzlich zum Elefanten, gehe ich nur nah genug heran. Und dem Laien fällt das sicher nicht auf. Der Laie ist vom Elefanten eben viel mehr beeindruckt als von einer Mücke. Denn darum geht es bei der Präsentation von Forschung eigentlich wirklich – der Laie, und das ist die breite Mehrheit der Öffentlichkeit nun einmal, soll überzeugt werden. Und das geht am besten mit Gefühlen. Denn, ob man es glaubt oder nicht:

**Auch in der Wissenschaft
spielen Emotionen eine herausragende Rolle!**

Wissenschaftler sind halt auch nur Menschen. Und es ist schon ein wenig beängstigend, wie vehement, emotional und manchmal auch pathetisch zwei Wissenschaftler darum kämpfen können, es besser zu wissen. Und das umso heftiger, je näher ihre Meinung sowieso schon beieinanderliegt. Fast scheint es, als würde hier ein religiöser Kampf ausgefochten, dessen Sieger der Heilige Gral zugesprochen wird. Nun meinen sicher manche, ich würde an dieser Stelle übertreiben. Es gibt für diese These aber zahllose Beispiele. So viele, dass sie mittlerweile sogar mit einem eigenen Begriff umschrieben werden: Semmelweis-Effekt.

Ignaz Semmelweis hat sich nachdrücklich um die Eindämmung vom Kindbettfieber verdient gemacht. Bis vor 150 Jahren starben leider noch sehr viel mehr Frauen als heute an dieser Krankheit. Semmelweis war der Erste, der den Zusammenhang zwischen diesem Fieber und mangelnder Hygiene nachweisen konnte. Darum plädierte er in seiner Studie für umfangreiche Sauberkeit bei behandelnden Ärzten und in den Krankenstationen. Trotz der nachweisbaren Erfolge wurden Semmelweis' Theorien jedoch von den allermeisten Ärzten und Kollegen verlacht und als Unfug abgelehnt. Nach allgemein anerkannter medizinischer Fachmeinung dieser Epoche galt Sauberkeit als unnötig, da Krankheiten auf andere Ursachen zurückgeführt wurden. Semmelweis kämpfte vielleicht auch etwas ungeschickt um seine Thesen, da er seine Debatte äußerst emotional führte und seine Kollegen gern auch mal als »Mörder« titulierte.

So ist sein Name auch heute noch ein Sinnbild dafür, wie die etablierte Wissenschaft nur zu gerne neue Ideen und Innovationen ablehnt, ohne sie einer weiteren und ausführlicheren Prüfung zu unterziehen. Der sogenannte Semmelweis-Effekt geht sogar noch einen Schritt weiter und wird gern in Zusammenhang mit Neuerungen in der Forschung genannt, die statt einer Anerkennung sogar eher zu einer Bestrafung des Wissenschaftlers führten. Zu stark wirkt die vorherrschende Meinung und allgemeine Skepsis der Wissenschaftsgemeinde jeder Neuerung der Regeln und Gesetze entgegen.

Selbst der heute so populäre Albert Einstein hatte mit heftigem Gegenwind zu kämpfen. Als er seine Relativitätstheorie vorstellte, entsprach sie in vieler Hinsicht nicht der bekannten Weltsicht, die sich an Isaak Newton anlehnte. Vielen Forscherkollegen waren seine Ideen schlichtweg zu genial. Darum wurde er über einen Zeitraum von mehr als zehn Jahren von 1910 beginnend fast schon regelmäßig für den Nobelpreis vorgeschlagen, unter anderem von seinem Befürworter Max Planck. Er erhielt den Preis aber erst im Jahr 1922, und nicht etwa für die Relativitätstheorie, sondern für seine Arbeiten zum foto-elektrischen Effekt. Das Gremium konnte sich nicht durchringen, Einsteins Forschungen direkt zu würdigen, sondern ging, wohl auch aufgrund des öffentlichen Drucks, diesen bemerkenswerten Umweg. Konsequenterweise hielt Einstein aber seine Nobelpreisrede zum Thema: »Fundamentale Probleme und Ideen zur Relativitätstheorie«. Ein Schalk, wer Böses dabei denkt.

In meiner Kindheit konnte ich die Auswirkungen von wissenschaftlichen Fehldeutungen am eigenen Leibe verspüren. Damals herrschte in Deutschland die vehement und emotional vertretene These, Spinat enthalte viel Eisen und sei darum ungemein gesund. Er gehöre deshalb zu einer fortschrittlichen Kinderernährung unbedingt dazu. Darum wurden ganze Generationen von Kindern (auch meine) mit dem gesunden Spinat zwangsbeglückt. Verona Feldbusch mit ihrem Blubb war noch nicht geboren, und der Spinat musste noch ohne ihren Sexappeal auskommen. Später erst zeigte sich, ein Übertragungsfehler hatte sich in die wissenschaftliche Untersuchung der freundlich-grünen Kindernahrung eingeschlichen: Bei der Messung des Nährstoffgehaltes von Spinat war irgendwo ein Komma verrutscht, und so kam der Spinat gleich um den Faktor 10 zu gut weg. Betrachtet man aber die richtigen Werte, so ist Spinat nur etwa genauso nährstoffreich wie andere Gemüse auch. Wie viele Tränen am Mittagstisch sind darum wohl umsonst geweint worden?

So exakt und allwissend die Wissenschaft nach außen hin auch gerne tut, auch ihre Wahrheiten sind sehr vergänglich.

Wir lernen überall dazu. Die Relativitätstheorie ist dazu nur ein Beispiel.

Wer jetzt denkt, na ja, solche Fehldeutungen würden heute nicht mehr geschehen, der sei freundlichst an die Debatten der letzten Jahre zum Thema Vogelgrippe, Rinderwahnsinn und den damit verbundenen Gefahren erinnert. Auch diese Diskussion wurde sehr emotional geführt, ging es hier doch um Seuchen und Massensterben. Irgendwie war nachher alles doch nicht so schlimm. Darüber spricht aber niemand mehr so wirklich. Ich warte schon darauf, welche Kuh als Nächste durchs Dorf getrieben wird. Wahrscheinlich wird es der Mäusemumps sein.

Das Erfreuliche am Verlauf der Vogelgrippe war für mich aber, mitzuerleben, wie sich immer mehr Menschen zutrauen, sich eine eigene Meinung zu bilden. Nur wenige glaubten den Horrorszenarien der Experten und gingen darum auch nicht zur Impfung. Offensichtlich hat die Panikmache an dieser Stelle ihre Wirksamkeit verloren.

Zu verdanken haben wir diese neue Entwicklung aus meiner Sicht vor allem solch unorthodoxen Denkansätzen wie denen von David Levitt, einem anerkannten Wirtschaftsprofessor aus den USA. In seinem Buch *Freakonomics* stellt er besonders die Rolle von sogenannten Experten sehr infrage. Seiner Meinung nach ist das konventionelle Wissen nämlich oftmals schlichtweg falsch.

Experten machen aus seiner Sicht häufig einen gigantischen unausgesprochenen Einfluss auf die Öffentlichkeit geltend – nämlich Furcht. Gefüttert mit seinem geballten Fachwissen, schafft es zum Beispiel mancher Autohändler, uns einen teureren Wagen zu verkaufen. Er nutzt dabei sehr geschickt die Angst davor, dass ein Auto für 25 000 Euro bei einem Unfall völlig zerschmettert wird, während ein Wagen für 50 000 Euro stattdessen in einem sicheren Stahlmantel hüllt.

Ein typischer Experte muss deswegen von Natur aus selbstsicher auftreten. Ein Experte diskutiert nicht, sondern er bezieht eine ganz klare Position. Er handelt dabei frei nach dem Motto »Einer selbstsicher vorgetragenen Behauptung wohnt mehr Überzeugungskraft inne als jeder zögerlich dargebotenen Wahrheit«. Dabei ist er besonders überzeugend, wenn es ihm gelingt, in der Öffentlichkeit Emotionen zu schüren, denn Emotionen sind der Feind rationaler Argumente. Eine Emotion ist allerdings besonders wirksam: die eben schon genannte Furcht. Dabei spielt es dann keine Rolle, ob es um irakische Massenvernichtungswaffen oder Rinderwahnsinn geht. Nach Levitt bewertet die Öffentlichkeit eine mögliche Gefahr darum sehr unterschiedlich:

> **»Ist die Gefahr groß und die Empörung gering,**
> **reagieren die Leute zu schwach.**
> **Ist die Gefahr gering und die Empörung groß,**
> **reagieren die Leute zu stark.«**

Beispielsweise besteht in den USA das größte Todesrisiko für Kinder unter zehn Jahren in ungesicherten und unbeaufsichtigten Swimmingpools. Hier sterben etwa 400 Kinder pro Jahr. Durch einen Zaun um den Pool, einen aufmerksamen Erwachsenen oder eine zugesperrte Hintertür am Haus könnte diese Zahl drastisch verringert werden. Dies geschieht jedoch nur teilweise, denn Swimmingpools lösen einfach zu wenig Empörung aus. Vielleicht sind sie uns einfach zu vertraut und eher mit Assoziationen wie Badespaß und Entspannung verbunden. Niemand denkt dabei ans Ertrinken.

Stattdessen werden große Summen für andere Sicherheits-
vorkehrungen in Bereichen ausgegeben, die ein weit weniger
hohes Risiko für unsere Kinder bergen. So werden in den
USA fast fünf Millionen Kindersitze für Autos verkauft. Dabei
zeigen die Daten eindrucksvoll, dass Kindersitze kaum etwas
bewirken. Der Sicherheitsvorteil besteht vor allem darin, das
Kind auf dem Rücksitz anzuschnallen, und weniger darin,
dem Kind einen besonders teuren (und damit vermeintlich
sichereren) Sitz zu kaufen. Aber die allgemeine Angst, dem
Kind könnte beim Autofahren etwas zustoßen, ist eben sehr
groß. Und da die Empörung bei diesem Thema ebenfalls groß
ist, reagieren die Menschen so stark darauf. Doch ich muss
gestehen, dass ich selbst auch zwei sehr gute Kindersitze im
Wagen habe.

Während meines Zivildienstes hatte ich das Glück, als Chemiker im Labor der *Katalyse e. V.* Arbeit zu finden, dem Institut
für angewandte Umweltforschung. Damals führten wir viele
Untersuchungen für die Zeitschrift *Öko-Test* durch. Beim
Umweltschutz hat mich damals sehr gewundert, wie unterschiedlich die Ängste in den verschiedenen Kulturen sind.
Manchmal wechseln sie sogar von Kontinent zu Kontinent.
Zum Beispiel hatten damals viele Menschen in Amerika Angst
vor radioaktivem Radon, das in Spuren aus vielen Betonwän-
den entweicht. In Deutschland war dies so gut wie gar kein
Thema. Stattdessen widmeten wir uns der Eindämmung der
Gesundheitsgefahr durch Formaldehyd, das damals aus Press-
spanplatten austrat. Darüber wurde dann wieder in Amerika
kaum geredet. Levitts Ausführungen haben mir dies erklärt. In
Amerika war die Empörung über Radon einfach größer, in
Deutschland und Europa dagegen die allgemeine Stimmung
gegen Formaldehyd. Nach dem Motto »Hör mir auf mit Tat-

sachen, meine Meinung steht fest«. In der allgemeinen Empörung wird die Meinung nur noch mehr festgezurrt.

Ein Experte, der öffentliche Anerkennung finden möchte, zielt deshalb vor allem darauf ab, Emotionen zu schüren, um einen großen Teil der Allgemeinheit hinter sich scharen zu können. Experten sind darüber hinaus auch nur Menschen. Deshalb liegt es nahe, ihren Wissensvorsprung auch in eigenem Interesse einzusetzen. Da wird dann eben auch gern schon einmal eine Grafik in der Gestalt gewählt, die den jeweiligen Absichten am meisten entgegenkommt. Ein bisschen Mogeln wird doch wohl noch erlaubt sein.

Levitt merkt zu Recht an, dass Menschen (und Experten) es mit der Wahrheit nicht so genau nehmen, wenn nur ein genügend großer Vorteil für sie dabei herausspringt. Und er meint damit nicht nur die Sportler, die durch Doping betrügen, oder Politiker, die ihr Amt zum eigenen Vorteil nutzen. Nein, er meint auch dich und mich, wenn wir im Internet einen neuen Partner suchen (und uns jünger, schöner und reicher darstellen, als wir wirklich sind). Oder wie wir als Schüler wohl jeder einmal bei einer Klassenarbeit abgeschrieben haben. Er meint auch, was wir tun, wenn wir unsere Steuererklärung ausfüllen. Dazu bringt er eine witzige Geschichte.

In den USA verschwanden beispielsweise an einem einzigen Tag im Jahr 1987 sieben Millionen amerikanischer Kinder auf einen Schlag. Das war der Tag, an dem die Steuerbehörde eine neue Vorschrift einführte: Von diesem Zeitpunkt an, musste jedes Kind in der Steuererklärung mit Sozialversicherungsnummer angegeben werden. Offenbar hatten viele Millionen Amerikaner vor dieser neuen Vorschrift ein Kind erfunden, um Steuern zu sparen.

Auch die Wissenschaft schürt mitunter sehr gezielt die allgemeine Empörung und versucht, durch gezielte Steuerung von Emotionen ihre wohlgemeinten Ziele zu erreichen. Wäre es da für mich nicht sinnvoller, gleich auf mein eigenes Gefühl zu hören, anstatt mir durch die öffentliche Meinung doch nur weiterhin fremde Emotionen aufdrücken zu lassen? Unsere Gefühle sind es, die uns mit der Welt verbinden. Und das Gefühl von Liebe ist unser stärkster Draht zum Universum.

4

Was geschieht, wenn wir lieben?

»Freundlichkeit in Worten schafft Vertrauen.
Freundlichkeit im Denken schafft Tiefe.
Freundlichkeit im Geben schafft Liebe.« (Lao-Tse)

»Mich heute mehr zu lieben als gestern
und mich heute wie jemanden
zu behandeln, der tief geliebt wird,
ist alles, was ich zu tun habe.« (Louise Hay)

Nach diesem kleinen wissenschaftlichen Exkurs aber rasch zurück zu Ludwig Feuerbach. Um wirklich zu leben, brauchen wir seiner Meinung nach die Liebe. Liebe ist das Salz in der Suppe. Liebe begeistert, Liebe schenkt uns die ganze Palette der verschiedenartigsten Gefühle. Zu lieben betört und erhebt uns. Sie lässt uns eintreten in den Fluss des Lebens.

Erinnere dich an die Zeit deiner ersten Liebe. Welch eine Begeisterung! Die Welt erstrahlte in einem neuen Licht. Du fühltest dich rundum glücklich. Nichts war schöner, als den geliebten Menschen um dich zu haben. Das Leben war wunderschön. Voller Begeisterung konntest du kaum den nächsten Tag erwarten. Du spürtest eine bisher unbekannte Kraft in dir, die Berge versetzen könnte.

Der Tag verging ganz nebenbei, wie im Flug. Wenn wir in der Liebe sind, weil wir beispielsweise einer Tätigkeit nachgehen, die wir lieben, dann vergessen wir Zeit und Raum. Es stellt sich eine Art Fluss des Lebens ein, indem wir die Dinge einfach so tun, ohne uns anzustrengen. Wir kennen diesen Vorgang von Kindern, die selbstvergessen ihrem Spiel nachgehen und an nichts anderes mehr denken. Es gibt nur noch ihr Spiel und nichts anderes. Auch das ist eine Eigenschaft von Liebe – ganz verschmolzen zu sein mit dem, was wir tun. Da ist kein Nachdenken mehr, keine Grenze des Verstandes. Nur noch ein Tun, aus dem Moment heraus.

Boris Becker hat sein Tennis ebenso beschrieben. In den ersten Jahren, als er noch als Teenager Wimbledon gewinnen konnte, beschrieb er Phasen in seinen Matches, wo er sich als »in der Zone« bezeichnete. Der beste Schlag gelang ihm immer dann, wenn er ganz verbunden war mit seinem Spiel. Da war kein Gedanke mehr an den Gegner oder an den nächsten Schlag. Da waren nur noch der Ball, die Bewegung und ein Fließen im Strom der Zeit. Man könnte auch sagen, er spielte nicht mehr selbst, sondern etwas, »Es«, spielt, in völligem Kontakt zum Universum. Er hat den Stecker in die Steckdose gesteckt, er ist ganz verbunden mit seinem besten Spiel, dem perfekten Schlag, unbewusst, intuitiv. Und dies wird nur möglich, wenn er nicht mehr nachdenkt, wenn er nur noch intuitiv spürt, welcher Ball als Nächstes kommt. Er wird geführt. »Es« spielt ihn.

Die Liebe zu einer Sache lässt uns so stark erleben, weil wir ganz verbunden sind mit diesem Tun. Wir erleben so stark, wenn wir unser Tun wirklich lieben. Hauptsache, wir sind ganz mit dem Herzen dabei. Unser Bewusstsein ist verschmolzen mit jedem Moment unseres Seins. Da ist keine Trennung mehr zwischen dem, der etwas tut, und dem, was getan wird. Der Mensch geht ganz auf in seiner Tätigkeit. Es ist kein bewusstes

Tun mehr, nur noch ein Geschehenlassen, in tiefer Verbundenheit mit dem Leben.

Besonders gut beschrieben wurden diese Momente der tiefen Akzeptanz und Liebe zum Tun von Eugen Herrigel in seinem Buch *Zen in der Kunst des Bogenschießens*. Er war in den 50er-Jahren einige Jahre beruflich in Japan und nutzte diese Zeit, um das Bogenschießen zu erlernen. Dabei erhielt er einige tiefe Unterweisungen in den Zen-Buddhismus. Sein Meister verglich die tiefe meditative Versenkung, die zur Ausübung der Kunst des Bogenschießens nötig ist, beispielsweise mit Vorgängen in der Natur. So selbstverständlich, wie eine Fliege sich im Netz einer Spinne verfängt, so soll ein Bogenschütze auch seinen Pfeil ins Ziel setzen. Leicht, unbekümmert, als habe er gar nicht willentlich gezielt.

Im vollkommenen Einklang mit sich, dem Bogen und dem Ziel trifft der Meister, ohne zu wollen und ohne zu zielen. Es schießt durch ihn, und der Pfeil trifft sein Ziel. Auf die gleiche Art spielte Boris Becker sein bestes Tennis.

Jedoch ist dieser Zustand nur zu erreichen, wenn die »Gegenwart des Herzens« erreicht wird.

Herrigel zitiert dazu einen Meister des Schwertkampfes, der betont, dass es einem Schüler, der zu sehr in der Theorie verharrt, niemals gelingen würde, die Gegenwart des Herzens zu erreichen. »Nur dort wird die freie Beweglichkeit des Schwertkämpfers möglich, die sich durch das ›Wirken des Herzens‹ zeigt. Die oberste Stufe, die Meisterschaft der Schwertkunst, wird nur von dem Schüler erreicht, der »absichtslos und ichlos« wird.« Wie beim Bogenschießen wird vom Lehrling erwartet, »zu treffen, ohne gezielt zu haben«. Man soll stattdessen das Ziel und die Absicht, zu treffen, völlig aus den Augen verlieren.

Genau so funktionieren auch das Hoppen und die anderen Techniken, die in diesem Buch beschrieben werden. Das Gelingen, die Lösung und die Verbesserung eines persönlichen Problems sind vor allem abhängig vom Kontakt zum Herzen, von der reinen Absicht, eine Veränderung herbeiführen zu wollen. Am besten gelingt das Hoppen, wenn es ohne Absicht geschieht. Dann hat »Es«, in Form von selbstloser Liebe, erst die Möglichkeit, den Fluss des Lebens wiederherzustellen und das Beste für mich und alle Beteiligten zu bewirken.

Der Zustand, im Fluss zu sein, ist mittlerweile auch zum Gegenstand wissenschaftlicher Untersuchungen geworden. Unter »Flow« versteht man den eben beschriebenen Zustand, ganz mit einer Tätigkeit zu verschmelzen und vollkommen im Hier und Jetzt aufzugehen. Man verliert dabei weitgehend das Zeitgefühl, da Handlung und Bewusstsein miteinander verbunden sind. Im Flow bin ich vollkommen absorbiert von meinem Tun, es gibt nur meine Tätigkeit, die mein ganzes Bewusstsein erfüllt. Ich kann an nichts anderes denken als an das, was ich gerade tue.

Erinnere dich, als du selbst noch ein Kind warst. Denk zurück an Nachmittage, die scheinbar zeitlos waren und total ausgefüllt mit dir und deinem Spiel. Im Flow ist man absolut präsent, wach, wie berauscht von der jeweiligen Tätigkeit. Besonders gut untersucht wurde das Eintreten von Flow bei sportlichen Aktivitäten. Dabei werden Herzschlag, Atmung und Blutdruck völlig synchron. Es stellt sich ein Glücksgefühl ein. Alles, was ich tue, geschieht scheinbar in völliger Harmonie mit mir und meiner Umgebung. Die Umgebung und ich werden eins. Jedes Streben nach Erfolg oder Sieg behindert jedoch sein Eintreten. Das Ziel ist gar nicht so wichtig, es geht vor allem um die vollkommene Präsenz in der Gegenwart.

Für mich ist der Flow ein direktes Resultat meiner Fähigkeit zu lieben. Je mehr ich mein Leben, meine Arbeit und alles Tun lieben kann, umso mehr werde ich den Flow verspüren. Alles geschieht dann in Freude, und alles wird spielerisch. Konfuzius sagt folgerichtig: »Such dir eine Sache, die du liebst, und du wirst nie mehr arbeiten.«

Das Eintreten in den Flow ist mit scheinbar mystischen Nebenwirkungen versehen. Immer mehr Menschen sagen dir: »Toll, dass du anrufst, ich habe gerade an dich gedacht!« Beim Einkaufen finde ich im ersten Kaufhaus sofort eine passende Hose für meine Tochter. Es war die letzte in ihrer Größe, und langes Suchen blieb mir erspart.

Es läuft alles. Aufträge kommen rein, man muss sich nicht besonders anstrengen. Probleme lösen sich ganz von selbst oder treten schon gar nicht mehr auf. Menschen lächeln dich an, einfach so. Deine Waschmaschine läuft aus, und du findest sofort einen netten Kundendienst, der billig und schnell die Reparatur durchführt.

Kürzlich passierte mir die folgende Geschichte. Ich wollte gerade los zu einem Vortrag nach Zürich und ging gewohnheitsmäßig noch einmal durchs Haus. Da sah ich im Keller, dass die Heizung heftig tropfte – offenkundig total kaputt. Innerlich spürte ich, wie Panik in mir aufkeimte. So konnte ich unmöglich mehrere Tage wegfahren, der ganze Keller könnte inzwischen voll Wasser laufen. Wie sollte ich an einem Freitagnachmittag noch eine Lösung finden? Einen Moment lang wollte ich verzweifeln. Aber ich ging ganz ins Vertrauen und rief einfach mal beim nächstbesten Installateur an. Er hatte zufällig Zeit, kam vorbei und innerhalb einer Stunde lief meine Heizung wieder. Zum Vortrag kam ich auch noch rechtzeitig. Der Flow hatte mich gerettet. Wie wäre wohl die ganze Situation eskaliert, wenn ich statt ins Vertrauen in die Panik gegangen wäre? Dann hätte ich die kaputte Heizung abgelehnt und damit nur noch mehr Probleme heraufbeschworen. Stattdessen war ich sogar dankbar, die kaputte Heizung noch gesehen zu haben, denn so wurde ich vor noch größerem Übel verschont. Danke, Universum, jedes Problem bringt auch gleich seine Lösung im Schlepptau mit sich.

Im Flow zu sein lässt uns durch die Tür gehen, die uns am meisten entspricht. Alles wird leicht. Bärbel war in solch einer »Zone«, wenn sie schrieb. Dann flogen ihre Finger nur so über die Tasten, ein seliges Lächeln strahlte auf ihrem Gesicht. Die Zeit verging wie im Flug, und Seite um Seite entstand dabei ein neues Buch. Auf eine Art wurde Bärbel dabei zum Instrument des Universums und schrieb einfach nur auf, was da war und was geschrieben werden wollte. Oft war sie hinterher selbst erstaunt, wenn sie das fertige Buch in Händen hielt, wie sie so etwas hatte schreiben können. Oft erschien es ihr, als ob mehr Wissen in einem Buch zwischen den Seiten stand, als sie selber hatte. Das Universum schenkte ihr mehr dazu, im Flow.

Von Bärbel habe ich auch eine weitere Eigenschaft des Flow gelernt. Bei ihr war es ein Grundprinzip, bestimmte wichtige Dinge nur zu tun, wenn drei oder mehr Hinweise dazu eintrafen. Ein schönes Beispiel dafür ist das Buch *Wie man durch inneren Reichtum mit äußerem Reichtum sinnvoll umgeht*, das 2006 entstand. Wir hatten im Freundeskreis nebenbei über frustrierte Millionäre gesprochen und dass Geld allein wohl nicht glücklich macht. Bärbel dachte: »Nette Idee, etwas für Millionäre zu schreiben«, aber bei ihren vielen Projekten stellte sie diese lieber ganz hintan. Plötzlich kamen aber in den nächsten Wochen immer mehr Leuten mit Berichten über innerlich unausgefüllte Millionäre auf sie zu. Für Bärbel war das ein sicherer Hinweis, dass die Zeit reif war, dieses Buch zu schreiben! Und das tat sie dann auch, innerhalb kürzester Zeit.

C. G. Jung hat für das Eintreten solcher wiederkehrenden, scheinbaren Zufälle den Begriff der Synchronizität geprägt. Bärbel hatte sich angewöhnt, solche zeitlich doppelt und dreifach auftretenden Geschehnisse als Hinweise des Universums zu interpretieren. Für sie waren sie ein Mittel, mit dem der kosmische Lieferbote um ihre Aufmerksamkeit warb. Hier gilt es, wie ein Jäger dieser Spur zu folgen und die Fährte aufzunehmen.

Auch für Jung war das Auftreten von Synchronizitäten ein Ausdruck des enger werdenden Kontaktes zwischen ihm und dem Universum. Den Begriff des Flow gab es zu seiner Zeit noch nicht, jedoch deutete auch er diese Vorgänge sehr positiv als Hinweise des Unterbewussten. Beispielsweise träumte er in der Nacht von einem Brief, der am nächsten Tag tatsächlich eintraf. Bei vielen seiner Patienten erlebte er Synchronizitäten besonders häufig in speziellen Momenten des inneren Wachstums. Nach seiner Meinung finden solche äußeren »Zufälle« gerade in den wichtigsten Phasen des von ihm so benannten Individuationsprozesses statt, bei dem ein Mensch zu seiner Bestimmung und wahren Größe findet. Er stimmt dabei voll und ganz mit dem amerikanischen Philosophen Ken Wilber überein. Auch für Wilber ist der Zustand des Flow ein Folgeprodukt der wachsenden menschlichen Entwicklung. Nach seiner Meinung ist ein Mensch, der sein vollkommenes Potenzial lebt, immer im Flow.

Übrigens ist es in vielen Kulturen ganz normal, mit dem Auftreten von Synchronizitäten zu arbeiten. In China wird dies sogar zur Wissenschaft erhoben. Hier wird nicht gefragt, wie wir etwas tun, sondern was womit zusammenzutreffen beliebt.

Diese Idee trifft man auch in der Astrologie und in den verschiedensten Orakeltechniken wie dem Tarot.

Das I Ging gibt aufgrund des Prinzips der Synchronizität Antworten auf Fragen, einfach weil das I Ging ein Spiegel der mit der Frage verbundenen Zeitumstände ist. Dies ist mit dem Verstand allein nicht erklärlich, da diese Zusammenhänge nicht wissenschaftlich bzw. nicht kausal sind. C. G. Jung hat sich darum auch sehr intensiv mit dem I Ging und seiner Deutungstechnik beschäftigt. Bis zum Ende seines Lebens erforschte er die Wirkungsweise der Synchronizitäten näher.

Es ist ja auch faszinierend: Unser Unbewusstes steht in engem Kontakt zur scheinbar außen liegenden, unbelebten Natur. Es tauchen am Morgen Dinge in meinem Leben auf, die ich gestern in der Nacht geträumt habe. Auf unserem Entwicklungsprozess sind Synchronizitäten die Wegweiser, die uns die Richtung vorgeben können. Schließlich sind sie auch ein wichtiger Anhaltspunkt für das Prinzip »Wie innen, so außen«. Denn Jung sah in ihnen einen Wirkungsmechanismus, durch den unsere Psyche mit der äußeren Welt in Verbindung steht.

5

Eintauchen in den Flow

Die Liebe ist das Einzige, das mehr wird,
je mehr man es verschenkt. (Christian Morgenstern)

Ich suche den ganzen Tag den Frühling, und meine Schuhe
gehen dabei kaputt. Und ich komme zurück, ohne den Frühling
gefunden zu haben. Dann sehe ich in meinem Garten eine
Kirschblüte. Der Frühling ist da. (Chinesisches Sprichwort)

Gerade in letzter Zeit berichten mir gleich ein paar meiner sehr engen Freunde von ihren Erfahrungen mit dem Flow und ihrem Versuch, das Richtige zur richtigen Zeit zu tun. Und – wie sollte man es anders erwarten – sie tun es unabhängig voneinander, ohne sich zu kennen. Genauso stellen sie untereinander wieder eine Synchronizität her – gleich drei meiner Freunde berichten mir von ihrer Erfahrung mit dem Fluss des Lebens, jeder in seinen eigenen Worten.

Mein Freund Hartmut erzählte mir vor ein paar Wochen, er hätte sich angewöhnt, die Dinge dann zu tun, wenn es sich für ihn richtig anfühlt. Auch bei ihm entwickelte sich diese Herangehensweise aus einer fundamentalen Lebensphase heraus, er trennte sich von seiner Frau nach mehr als zehn Jahren Ehe. Um den richtigen Schritt zur richtigen Zeit zu tun, nahm er sich bei der Trennung viel Zeit. Seine Frau und er wohnten noch eine Zeit in der gemeinsamen Wohnung, bis es sich richtig anfühlte, dass sie auszog. Der Rechtsanwalt wurde erst hinzugezogen, als es stimmig war. Im Laufe der Trennung machte Hartmut einen Urlaub und traf dabei seine neue Lebenspartnerin. Er nahm sie in den Arm, und es fühlte sich einfach richtig an. Nicht lange danach stand seine Entscheidung fest, und er siedelte zu seiner neuen Lebenspartnerin über. Er folgte einfach dem Fluss, ohne Ungeduld, und ließ sich zu gegebener Zeit beschenken. Der Wein musste erst reifen, ehe er geerntet werden konnte.

Sehr interessant fand ich, wie er in der neuen Stadt seine zukünftige Arbeitsstelle suchte. Er fuhr mit dem Fahrrad die vier oder fünf Häuser neuer möglicher Arbeitgeber ab und fühlte sich in den neuen Job hinein. Bei einem der Häuser fühlte er sich besonders gut. Hier wollte er gern tätig werden. Also bewarb er sich dort und bekam auch prompt den Zuschlag. Heute ist er glücklich, diese Wahl getroffen zu haben.

Ein anderer Freund, Paulus, berichtete mir, er habe kürzlich unglaubliches Glück gehabt. Er arbeitet als Maler und war gemeinsam mit anderen Handwerkern in einem alten Haus, um es von Grund auf zu restaurieren. Es war mitten im Winter und bitterkalt. Da bohrte einer der Maurer in eine elektrische Leitung und sorgte für einen Stromausfall, der viele Stunden dauerte. Zuerst verfluchten die anderen Handwerker diesen Maurer, denn bei diesem Frost schien die Weiterarbeit zunächst unmöglich. Doch alles wendete sich zum Guten. Vom Nachbarhaus konnte eine Leitung gelegt werden, um das Haus zu heizen. Während der Reparatur fand der Elektriker dann im Keller einen beginnenden Schwelbrand, der kurz davor gewesen war, ein großes Feuer zu entfachen. Hätte der Maurer die Leitung nicht angebohrt, wären alle Handwerker in Gefahr gewesen.

Manchmal zeigt der Flow sich also auch durch ein schein-
bares Problem, das eine gute Seite hat. Es war, als hätte ein
Engel seine Hand im Spiel gehabt, als die Bohrmaschine das
Kabel durchtrennte. Auf den ersten Blick ist das für unsere
Augen aber unsichtbar.

Mein Freund Klaus fährt viel Auto, wenn er berufliche Ter-
mine wahrnimmt. Er kommt sicher auf 80 000 km im Jahr.
Irgendwann stand er im Stau und rief bei seinem Termin an,
dass es sicher eine halbe Stunde später würde. Komischerweise
war er gar nicht gestresst oder nervös. Er hatte einfach ein gutes
Gefühl. Er fuhr ganz locker weiter, der Stau löste sich schneller
auf als gedacht und – schwuppdiwupp! – war er bei seinem
Termin – und zwar trotz Stau und Ansage seines Navigations-
gerätes pünktlich!

Von diesem Zeitpunkt an machte er sich diese innere Haltung zu eigen, wann immer es in ihm anfing zu brodeln und
Nervosität hochstieg. Er ging einfach ins Vertrauen, es würde
schon alles gut werden und sich zum Besten fügen. Klaus meint,
er macht damit immer die besten Erfahrungen. Er nimmt einfach alles so an, wie es ist.

Von einer sehr ähnlichen Vorgehensweise berichtet auch der
amerikanische Pfarrer Will Bowen in seinem Buch »Einwand-
frei«. Darin plädiert er sehr eindrucksvoll dafür, statt zu jammern und zu klagen, immer mehr ins ganze Vertrauen zu finden. Er erzählt das Beispiel einer Zugfahrt, bei der die Ankunft
des Zuges sich um eine Stunde verspätet. Wenn er nun zum
Schaffner geht, schimpft, zetert und den ganzen Bahnhof zu-
sammenschreit, wird sich nichts an den Tatsachen ändern. Der
Zug wird immer noch zu spät eintreffen. Darum hat er damit
angefangen, die Zeit zu nutzen. Er kauft sich eine Zeitung,
setzt sich in die Sonne und genießt die geschenkte Stunde.

Wer weiß, wozu es gut ist. Sein Mantra in diesen Fällen ist: **»Der Zug trifft immer zur rechten Zeit am Bahnhof ein!«**

Dieser Satz ist eine wunderbare Formulierung des Flow. Statt zu jammern, geht er ins ganze Vertrauen. Alles ist gut, alles wird gut. Wenn jetzt alles gut ist, wird auch morgen alles gut sein. Das Gute breitet sich aus. Das Gute pflanzt sich fort. Die Kunst ist, Güte mit allem zu entwickeln, auch wenn die Dinge scheinbar schlecht und gegen uns laufen. Bowen interpretiert die Formulierung der Bibel »Suchet, so werdet ihr finden« als ein allgemeines und immer gültiges Prinzip. Was wir suchen, werden wir finden. Wenn wir uns über etwas beklagen, suchen wir es im Grunde, wir ziehen es an. Darum schreibt er: »Wenn wir uns beklagen, nutzen wir die unglaubliche Kraft unseres Geistes, um etwas zu suchen, was wir unserer Aussage nach nicht wollen, was wir dann aber trotzdem anziehen. Wir verfangen uns in einer Klageschleife: Manifestation, Klage, Manifestation, Klage usw.«

Für Bowen ist die Welt oder das Universum in einem Zustand voller »zärtlicher Gleichgültigkeit«. Das Universum stellt es uns frei, dieses allgemein gültige Prinzip zu beherzigen oder eben nicht. Es liegt an uns, zu schimpfen und mehr herbeizuziehen, das uns Grund gibt, wieder aufs Neue schimpfen zu können. Oder aber wir hören auf mit dem Klagen und benutzen unsere Worte, um mehr in unsere Leben einzuladen, was wir wollen und was wir uns wünschen. Für ihn ist es ein direkter Weg zur Wunscherfüllung, wenn wir unsere Energie erhöhen, einfach indem wir mit dem Klagen und Jammern aufhören. Klagen und Jammern manifestiert unsere Ablehnungen und stemmt sich darum gegen den Flow.

Aus meiner Zeit in einem koreanischen Kloster in der Nähe von Kaarst ist mir ein anderer Zugang zum Flow bekannt. Mehrere Jahre verbrachte ich hier meine Sonntage, um der buddhistischen Messe beizuwohnen und Meditation ganz praktisch kennenzulernen. In dieser Richtung des Zen-Buddhismus wird das höhere Selbst als »Han Ma Um« angesprochen. Ziel der Meditation ist es, in Verbindung mit dem inneren Kern zu treten, um innere Ausgeglichenheit zu finden. Unsere koreanische Nonne, die dem Kloster auch heute noch vorsteht, verriet uns viele täglich anwendbare Tricks, um Han Ma Um in den Alltag zu integrieren. Beim Abschied aus dem Tempel gab sie uns meist noch auf den Weg, wir sollten ganz in Verbindung mit Han Ma Um nach Hause fahren. Beispielsweise könnten wir innerlich Kontakt zu unserem Kern aufnehmen und ihn bitten, uns unfallfrei und ohne Stau heimwärts zu geleiten. In ähnlich achtsamer Weise sollten wir möglichst viele Arbeiten des täglichen Lebens verrichten. Egal, ob es Rasenmähen, Babysitten oder Wäschewaschen sei. Ziel dieser Art des Buddhismus ist es, jede Tätigkeit in völliger Hingabe zu vollbringen und sie als einen Weg anzusehen, um Han Ma Um zu praktizieren. Han Ma Um ist für mich heute nur ein anderes Wort für den Flow.

Aus der Zeit als Eltern haben Bärbel und ich viele Beispiele sammeln können, um den Effekt des Flow auch bei unseren Zwillingen feststellen zu können. Gerade als die Kinder noch Babys waren, funktionierten sie für uns wie wunderbare Messinstrumente, die unseren inneren Zustand widerspiegelten. Kinder und besonders Babys sind noch so verbunden mit ihrem inneren Kern, dass sie beinahe wie das Universum selbst auf uns reagieren.

Bärbel hat in den ersten Lebensjahren der Kinder die Erfahrung einer völlig neuen Zeitrechnung gemacht. Früher versuchte sie, möglichst viel während der Schlafphasen der Kinder zu erledigen oder wenn die Kinder vom Au-pair oder mir betreut wurden. Das funktionierte aber nur bescheiden, denn die Kinder wollten immer wieder auch ihre Mama, besonders wenn nur eine völlig unzureichende Barriere wie eine läppische Bürotür das Zusammensein verhindern sollte. Nach einer Weile kam Bärbel auf die Idee, den Kindern einfach alle Zeit zu gewähren, die sie zu brauchen meinten. Kinder hatten und haben darum bei uns immer Vorfahrt. Wenn sie etwas möchten, bleibt (meistens) alles andere liegen. Unsere Erfahrung damit ist wirklich überzeugend. Sobald die Kinder an Zuwendung und Aufmerksamkeit bekommen haben, was sie wollten, schwirren sie meist rasch wieder ab, um weiterzuspielen. Sie hören auf zu quengeln und sind sozusagen »gesättigt«, was die Anwesenheit der Mutter betrifft. Bärbel blieb bei dem ganzen Vorgang schön in ihrer Mitte und war ganz bei den Kindern. Sie spielte und redete mit ihnen eine halbe Stunde, um dann in Ruhe ihre Arbeit zu erledigen. Und glaubt es oder nicht: Bärbel schaffte anschließend mehr in weniger Zeit. Auf wundersame Weise wurde die geplante Arbeit dann doch meist schon am selben Tag fertig.

Bärbel bestätigte diese Erfahrung sehr in ihrem Tun, und so verfahre ich mit unseren Kindern auch noch heute. Was liegen bleibt, bleibt eben liegen, es wird sicher zur richtigen Zeit erledigt werden!

Unsere Kinder haben es uns gedankt, sie sind sehr ruhig und ausgeglichen geworden. Möge es so bleiben! Dagegen haben gestresste Mütter meist auch gestresste Kinder. Das haben uns viele Kontakte zu anderen Eltern im Kindergarten und in der Schule gezeigt. Kinder reagieren sehr stark auf Stress und lassen sich nur allzu gern davon anstecken. Am besten ist also, die

Kinder als Messinstrument für die eigene innere Unruhe zu nehmen und zu beginnen, in die innere Mitte und den Flow zu gelangen.

In den letzten beiden Jahren nach Bärbels Tod habe ich viele gute Fügungen erleben dürfen. Auch sie sind für mich ein Ausdruck des Flow. Sosehr mich Bärbels Fortgehen auch aus der Bahn geworfen hat, so sehr hat mich auch die Unterstützung durch andere Menschen wieder gefestigt. So wuchs beispielsweise unser Au-pair in die neue Rolle als Freundin und Hausmutter wundervoll hinein. Ich hätte diese Wandlung vorher kaum für möglich gehalten. Sie wurde zum festen Teil unserer Familie und steht mir und meinen Kindern auch heute noch sehr nah. Dieses junge Mädchen in dieser besonderen Zeit um uns zu wissen war ein großes Glück für uns. Heute würde ich sagen, sie war ein Geschenk des Himmels. Das Gute war da, auch in dieser dunklen Zeit.

6

Schattenseiten lieben

Nur eine brennende Fackel
kann eine andere entzünden. (Sufi-Weisheit)

Schattenseiten, die ich ablehne,
treten mir als Schicksal entgegen. (C. G. Jung)

Zum Ende dieses ersten Hauptkapitels möchte ich die Liebe gern in einen noch größeren Zusammenhang stellen. Durch die Kultivierung von Liebe gelingt es mir immer besser, andere Menschen anzunehmen und aus ganzem Herzen zu bejahen. Dazu können mir vor allem meine Partnerschaft und die Menschen in meinen nahen zwischenmenschlichen Beziehungen dienen. Hier ist mein größtes Lernfeld, um meine eigenen Schattenseiten zu erkennen und lieben zu lernen.

Von C. G. Jung stammt der wunderschöne Satz: »Schattenseiten, die ich ablehne, treten mir als Schicksal entgegen.«

Es ist ein zutiefst menschlicher Zug, bestimmte Dinge, die uns selbst betreffen, nicht sehen zu können. Stattdessen projizieren wir unsere dunklen, unbekannten Seiten auf unsere Mitmenschen. Das Thomasevangelium ist da sogar noch drastischer in seiner Formulierung: »Den Splitter, der im Auge deines Bruders ist, den siehst du; aber den Balken, der in deinem Auge ist, den siehst du nicht. Wenn du den Balken aus deinem Auge gezogen hast, dann wirst du klar genug sehen, um den Splitter aus dem Auge deines Bruders zu ziehen.«

Für mich hat der Satz von C. G. Jung schon immer eine große Bedeutung gehabt. Er klingelt mir immer wieder in meinen Ohren. Denn die Tragweite dieser Aussage ist so groß. Schattenseiten, die ich ablehne, werden mir vom Schicksal immer aufs Neue vor die Nase gesetzt. So trenne ich mich vielleicht von meinem Beziehungspartner und finde einen anderen. Da meine Schatten aber unerlöst geblieben sind, wird dieser neue Mensch geradezu gezwungen sein, sie mir erneut »anzubieten«, also vorzuleben. Diese Entwicklungshelfer helfen mir bei meinem Wachstum, indem sie so freundlich sind, mir meine Schatten zu spiegeln. Wenn ich diesen Menschen ablehne, lehne ich meine unbekannten Seiten ab und damit mich selbst.

Also gehe ich aus dem Job, wechsle den Wohnort, trenne mich von meinem Partner, aber ich nehme mich immer mit. Mein Thema, das in mir schlummert, möchte erlöst sein. Also kommen neue Jobs, neue Nachbarn und neue Beziehungspartner, die in gewisser Weise dabei helfen möchten, mir meine Schatten näherzubringen.

Menschen, die mir sehr nahe sind, sehe ich nicht wirklich. Wenn überhaupt, dann nur noch sehr ungenau. Der Rest wird mit Vorstellungen und Projektionen aufgefüllt. Eigentlich können wir einen anderen Menschen gar nicht wirklich – objektiv – sehen. C. G. Jung sagt es in seinen Worten: »Da Nachprüfen und Nachdenken so umständlich und schwierig sind, so urteilt man lieber unbeschwert und realisiert nicht, dass man bloß projiziert und somit sich selber zum Opfer eines närrischen Illusionstricks macht.«

So führt die Liebe und die Annahme des Menschen, der uns nahesteht, zur Annahme meines Schicksals. Der andere Mensch ist mein Spiegel, und gelingt es mir, mich in ihm zu erkennen und zu lieben, nehme ich meine Schatten und unerlösten Seiten an. Im Verzeihen des anderen verzeihe ich mir selbst. Im Idealfall nehme ich dann meine Fehler ganz an, bin mir meiner Schwächen bewusst und werde ganz.

Den anderen Menschen, darin auch mich selbst und damit mein Schicksal anzunehmen, ist ein lebenslanger Prozess. Und ich würde lügen, würde ich sagen, dass es leicht ist. Natürlich ist es ein Weg durch Krisen. Selbstverständlich ist es ein Weg durchs Feuer. Ganz bestimmt wird mein Ego wenig Spaß daran haben, entmachtet zu werden, und sich auflehnen und kämpfen wollen. Deshalb ist der Weg des Wachstums immer auch ein Kampf mit unserem ewigen Begleiter: dem inneren Schweinehund.

Wieder möchte ich C. G. Jung zitieren: »Eine Ehe entwickelt sich selten oder vielleicht nie reibungslos und ohne Krisen zu einer persönlichen Beziehung; es gibt keine Bewusstwerdung ohne Schmerzen.«

Die Sufis sind sich dieser Problematik seit Jahrtausenden bewusst und sprechen in diesem Zusammenhang vom »Schatz in der Ruine«. Denn wenn mein Bewusstseinsprozess fortschreitet, werden mir immer mehr meine Fehler, mein Mangel und meine Verletzlichkeit gezeigt. Das prachtvolle Schloss, das mir das Ego vorgaukelt zu sein, zerfällt dabei immer mehr und wird zur Ruine. Dann aber, wenn ich schon denke, nur noch klein und mangelhaft zu sein, finde ich dort, zu meiner allergrößten Überraschung, meinen Schatz. Wie Phönix aus der Asche erwache ich zu neuem Leben.

Mein Weg mit Bärbel war ebenfalls voller Höhen und Tiefen. Durch unsere Verschiedenheit hatten wir Gelegenheit, ganz viele Eigenheiten des Partners in uns zu integrieren und zu erlösen. Das Hoppen und die anderen Techniken zur Vergebung, die ich in diesem Buch vorstelle, haben uns sehr auf unserem Weg geholfen. Irgendwann, als wir vielleicht zehn Jahre zusammen waren, war ich fast schon so vermessen, anzunehmen, wir hätten es geschafft. Wir hätten jetzt die vollkommene Beziehung gefunden. Es war wirklich ein wundervolles Leben, das wir uns erschaffen hatten.

Doch dann kam Bärbels Krankheit. Wenn Liebe die Herausforderung ist, den anderen Menschen anzunehmen, wie er ist, dann war dies eine ganz neue Prüfung. Dem anderen zu helfen, auch wenn er krank ist. Den anderen anzunehmen, auch wenn nichts mehr zurückgegeben werden kann. Den anderen zu lieben, auch wenn er schließlich stirbt und diese Erde verlässt. Ganz Ja zu sagen, auch wenn es wehtut. Es war mein Weg, mich mit meinem Schicksal zu versöhnen. Zuerst habe ich gehadert, wie es nur natürlich ist. Der Schmerz war einfach zu groß. Warum musste das geschehen?

Heute würde ich sagen, war es für mich die Herausforderung, auch dieses Schicksal annehmen und lieben zu lernen. Sonst macht diese Erfahrung für mich einfach keinen Sinn. Einen Menschen ganz zu lieben bedeutet, ganz Ja zu ihm zu sagen. Ich dachte so in meinem kindlichen Leichtsinn, das wäre die eigentliche Prüfung für mich in diesem Leben. Da ist aber noch mehr.

Wenn ich einen Menschen so annehmen kann, wie er ist, dann lerne ich zu lieben. Doch eine noch größere Herausforderung wartet dahinter: das Leben selbst als solches anzunehmen, wie es ist. Mit allen Höhen und Tiefen, mit allen Schicksalsschlägen und Wirkungen. Um immer mehr, immer ein kleines bisschen, auch dankbar sein zu können für jeden Moment. Für jeden Tag. Wie auch immer er verlaufen mag. Es geht darum, mein Schicksal anzunehmen und zu bejahen. Vielleicht mir selbst mit meinem Schicksal zu verzeihen.

Heute, etwa zwei Jahre nach Bärbels Tod, sehe ich es so: In den indischen Veden steht die inhaltsreiche Formulierung: »Tat tvam asi.« Sie bedeutet: »Das, was ich wahrzunehmen glaube, und das, was ich zu sein glaube, ist ungetrennt.« Wie ich die Welt sehe, hängt vor allem von mir ab und ganz besonders von meinem Bewusstsein. Wenn ich etwas schlecht beurteile und negativ darüber spreche, dann sehe ich mich selbst darin und werte mich letztlich selbst damit ab. Wenn ich etwas abwerte, untergrabe ich damit mein eigenes Selbstwertgefühl. Denn je mehr Dinge ich kritisiere, umso mehr kritisiere ich mich. Ich sehe mich immer nur selbst im anderen.

Wer bin ich, wer glaube ich zu sein, wenn ich mit meinem Schicksal hadere? Oder wenn ich einen strafenden Gott wahrnehme? Ganz sicher ist diese Einstellung ungesund. Strafe ich da nicht selbst? Weise ich da meinen Gott nicht weit von mir? Und wenn ja, wie strafe ich – vielleicht durch die andauernde Kritik, die ich an anderen Menschen, an mir selbst und auch am Leben als solches übe? Kritik ist irgendwo sicher auch das Gegenteil von Liebe.

Wer glaube ich aber zu sein, ja sein zu müssen, wenn ich stattdessen einen vollkommenen Gott fordere? Der mir ein perfektes Leben schenkt, ein vollkommenes Glück, für jetzt und immerdar? Überfordere ich nicht am Ende nur mich selbst, fehlerfrei und perfekt sein zu müssen? Denke ich vielleicht sogar insgeheim, dass Gott mich nicht liebt, ja sogar straft, eben weil ich nicht fehlerfrei genug bin?

Nun aber mal ein Gedankenexperiment: Wer bin ich, wer glaube ich zu sein, wenn ich Gott und mein Schicksal einfach mal als liebend wahrnehme? Bin ich es dann nicht selbst – ein Liebender, eine Liebende?

Für mich steckt in dieser Idee eine sehr tiefe Wahrheit. Liebe bedeutet für mich darum, mich wirklich geliebt zu fühlen, getragen vom Schicksal, geborgen in jeder Wirklichkeit. Liebe heißt darum für mich auch Vertrauen und Zuversicht. Wie auch immer die Wirklichkeit sein mag. Liebe hat für mich darum eine sehr enge Beziehung zu Gott bekommen.

Zum Beispiel denke ich heute, dass ich meinen Gott am besten ehren kann, wenn ich meinen Partner annehme und ihm danke. Wenn schon nicht immer, dann aber immer öfter. Denn Gott möchte, dass es mir gut geht. Und am besten geht es mir, wenn ich liebe.

Erst wenn ich Gott als liebend erkenne, werde ich es selbst. Erst wenn alles, was ist, gut ist, dann bin ich schließlich auch selbst genau das – gut und völlig in Ordnung. Und die beste Haltung der Welt gegenüber, um ihr zu zeigen, dass sie gut ist, führt uns zur Dankbarkeit.

Lieber Gott, liebes Schicksal, was auch immer in meinem Leben geschehen mag – danke dafür –, denn du meinst es gut mit mir. Denn du bist Liebe und wirst es immer sein. Wenn ich das nicht verstehe oder anders wahrnehme, dann liegt das an mir. Danke, dass du mich trotzdem liebst. So wie ich bin. Trotz aller Zweifel und Ängste.

Wer glaubst du zu sein? Feuer oder Flämmchen? Wie stark ist dein Licht? Wie hell leuchtest du? Was würde aus dem Feuer, wenn es denken würde, nur ein kleines Lichtlein zu sein, und sich scheu vor dem Sturm verstecken würde? Niemals würde es wirklich brennen, in seiner ganzen Größe.

Für mich ist die Liebe Gottes wie dieser Sturm. Es braucht Vertrauen, sich ihm wirklich auszusetzen. Es braucht den Glauben, dass alles gut ist und gut wird. Dann erst stelle ich mich in diesen Wind, voller Angst, ausgepustet zu werden. Um dann vielleicht doch, nach Momenten der dunkelsten Nacht meiner Seele, hell leuchten zu dürfen.

TEIL 2

HO'OPONOPONO

7

Die Welt aus hawaiianischen Augen

Gott ist Liebe und Liebe ist Gott. (Sufi-Weisheit)

Die einzigen Menschen, denen ich nicht helfen konnte,
waren diejenigen, die an keine höhere Macht
außerhalb ihrer selbst glaubten. (C. G. Jung)

Das letzte Kapitel hat dir so ganz nebenbei bereits die Sichtweise der Hawaiianer nähergebracht. Für die Urvölker ist die ganze Welt ein Ausdruck der Liebe Gottes. Sie stehen noch ganz in Kontakt zu ihrem Gott. Die Erde, auf der wir leben, ist für sie wie eine Mutter, die sie liebt. Von ihr werden sie genährt, beschützt und mit allem Lebensnotwendigen versorgt. In dieser Verbundenheit bin ich dem Regen dankbar, der mein Feld bewässert. Ich danke dem Wind, der die Wolken und damit den Regen zu mir bringt. Ich danke dem Ackerboden, mein Korn zu stärken und wachsen zu lassen. Ich danke dem Wasser, das es mich labt und erfrischt. Regen, Wind, Erde und Wasser sind ein Ausdruck der Liebe Gottes.

Ganz stark fühle ich mich bei dieser Aufzählung erinnert an meine Jugend. Als ich um die 12 oder 13 Jahre alt war, hatte ich Karl May entdeckt und gab fortan mein gesamtes Taschengeld für Old Shatterhand aus. Besonders faszinierte mich das Leben der Indianer. So stolz und stark waren sie und sie lebten auch ganz im Einklang mit der Natur. Die Bisons wurden als Geschenk betrachtet und mit großer Ehrerbietung gejagt und getötet. Ihre Haut diente als Kleidung und zum Hausbau. Ihr Fleisch sorgte für die Ernährung, aus Sehnen und Knochen wurden lebenswichtige Geräte wie Nadeln, Seile oder Pfeilspitzen hergestellt. Das Verhalten der Indianer gegenüber einem Bison zeigt ihre große Ehrfurcht vor dem Leben. Es wurde ihnen geschenkt, das Leben eines Tieres nehmen zu dürfen, da sie es zum Lebensunterhalt dringend benötigten. Aber sie setzten diese Macht voller Achtsamkeit und sehr sorgsam ein.

Für die Hawaiianer ist die ganze Welt durchdrungen von der Liebe Gottes. Alles lebt, weil Gott dieses Leben geschenkt hat. Ich habe allen Grund, dafür dankbar zu sein. Da alles Lebendige in tiefer Verbindung zu dieser Urschöpfung steht, bin ich es auch. Darum ist das Leben in gewisser Weise ein immerwährendes Gebet, wenn ich unablässig versuche, in Kontakt zu meinem Gott zu sein – und dementsprechend zu handeln.

Im Ausdruck dieser innigen Verbindung folge ich meiner inneren Stimme und meiner Intuition. Ich versuche, im Zwiegespräch mit meinem Gott zu bleiben, und als wichtigstes Mittel dient mir dabei mein Gefühl. Ist diese Handlung in seinem Sinne? Mache ich diese Tätigkeit zur rechten Zeit? Wie kann ich meine Demut vor der Urschöpfung heute zum Ausdruck bringen? Wohin will mich der Fluss des Lebens führen?

Getragen von diesem inneren Glauben, basiert für die Hawaiianer das Geschehen der Welt besonders auf den folgenden vier Grundsätzen. Es sind die Kernthesen des Ho'oponopono:

1. Ich stehe in Verbindung zu allem. Denn ich stehe in Verbindung zu Gott. Damit habe ich direkten Einfluss auf alles.

2. Gott ist gut. Alles ist gut. Gott meint es gut mit mir. Wenn ich denke, etwas sei schlecht oder falsch, dann ist mein Denken falsch.

3. Falsches Denken bringt mich in Gefahr, mich von Gott zu entfernen und als von ihm getrennt zu erleben.

4. Darum bete ich zur Urschöpfung, mein falsches Denken zu heilen und richtigzustellen. So kann ich wieder in Verbindung treten.

Schauen wir uns diese Aussagen im Einzelnen doch einmal genauer an.

 **1. Ich stehe in Verbindung zu allem. Denn ich stehe in Verbindung zu Gott. Damit habe ich direkten Einfluss auf alles.**

Wenn in meinem Leben Dinge geschehen, die mich verletzen oder für die ich anderen die Schuld geben möchte, dann liegt das allein an mir. Offenbar habe ich den Kontakt zur Urschöpfung verloren. Wenn ich leide, so muss dies die Ursache in mir haben. Es tut mir leid, dass ich den Kontakt zu meinem Gott unterbrochen habe. Ich möchte ihn wiederherstellen. Es liegt an mir. Es tut mir leid. Lieber Gott, bitte nimm mich zurück in deine Arme.

1. Affirmation: **Es tut mir leid.**

 **2. Gott ist gut. Alles ist gut. Gott meint es gut mit mir. Wenn ich denke, etwas sei schlecht oder falsch, dann ist mein Denken falsch.**

Wenn in meinem Leben Dinge geschehen, die ich als schlecht oder falsch ansehe, dann liegt der Fehler bei mir. Es sind meine Bewertungen, Anhaftungen und falschen Denkweisen, die zu dieser Fehleinschätzung geführt haben. Alles ist gut. Und alles wird gut sein. Bitte verzeih mir, Gott, dass ich an dir gezweifelt habe. Bitte verzeih mir, ich habe mich von dir entfernt. Bitte verzeih mir, nur zu gern möchte ich den Graben zwischen uns wieder schließen. Lieber Gott, bitte verzeihe mir.

2. Affirmation: **Bitte verzeih mir.**

 **3. Falsches Denken bringt mich in Gefahr, mich von Gott zu entfernen und als von ihm getrennt zu erleben.**

Liebe ist das Band, durch das Gott mit mir und allem, was ist, in Verbindung steht. Liebe hat die Kraft, mich wieder mit Gott zu verbinden. Ich habe mich von ihm entfernt und erlebe mich als getrennt von ihm, da ich aus der Liebe getreten bin. Statt im Herzen war ich zu viel im Kopf. Ich trete nun wieder ein in das Feld der Liebe und besinne mich zurück zu dir. Lieber Gott, alles ist ein Ausdruck deiner Liebe – auch wenn mein Verstand dies oft anders sehen möchte. Lieber Gott, deine Liebe ist allzeit um mich. Lieber Gott, ich liebe dich.

3. Affirmation: **Ich liebe dich.**

 **4. Darum bete ich zur Urschöpfung, mein falsches Denken zu heilen und richtigzustellen. So kann ich wieder in Verbindung treten.**

Es gibt keinen Weg, meinen Gott zu verlieren. Gott ist immer und wird immer sein. Seine Liebe ist unerschöpflich und ohne Ende. Gott liebt mich immer, unabhängig, ob ich ihn liebe oder nicht. Bete ich zu Gott, so wird er in mir mein falsches Denken, meine Gedanken an Trennung und mein Gefühl von Schuld lieben und damit heilen. Gott ist immer bei mir, egal was ich tue oder denke. Er nimmt mich immer zu sich zurück, denn es gab nie eine Trennung, außer in mir. Danke, lieber Gott, für deine Liebe. Danke, dass du mich jetzt heilst. Danke.

4. Affirmation: **Danke.**

Diese vier Affirmationen sind die Grundpfeiler des klassischen Ho'oponopono.

Es tut mir leid.
Bitte verzeih mir.
Ich liebe dich.
Danke.

Ihre große transformierende Kraft wird vor allem dann spürbar, wenn diese vier Sätze in großer Demut und in enger Verbindung zu Gott gesprochen werden. Wie bei allem, was ich tue, ist auch bei dieser Übung meine innere Einstellung entscheidend. Denke ich, ist ja sowieso alles Quatsch, aber ich tue es einfach doch mal, dann wird die Wirkung dementsprechend gering ausfallen. Bin ich in völligem Glauben an die Heilung, dann habe ich weit größere Chancen auf Erfolg. Die Arbeit des Ho'oponopono führt ganz sicher über beide Stufen. Wie wir Menschen nun mal sind, stehen wir dem Neuartigen erst einmal voller Skepsis gegenüber. Jedoch die Praxis wird schnell bestätigen, wie wirkungsvoll diese alte hawaiianische Vergebungstechnik ist. Und dann wird es mir leicht – und immer leichter – fallen, wirklich an ihre Heilkraft zu glauben. Und dieser Glaube wird dann Berge versetzen.

Sehr wunderbar und auch ein Stück weit unglaublich ist es für mich, wie aufgeschlossen die Leserschaft des deutschsprachigen Raumes nun dem Prinzip des Ho'oponopono gegenübersteht. Immer mehr Bücher zu diesem Thema werden auf den Markt gebracht, und die ersten sind sogar in den Bestsellerlisten gesichtet worden.

Das hätte besonders auch Bärbel gefreut. Sie war vom Ho'oponopono restlos begeistert. Wir haben ja bereits in unserem ersten gemeinsamen Buch »Fühle mit dem Herzen« im Jahr 2007 diese hawaiianische Vergebungstechnik kurz vorgestellt. Damals waren wir unter den ersten deutschsprachigen Autoren, die sich dem Thema Ho'oponopono widmeten. Und ich muss ehrlich zugeben, auch mir fiel es zunächst schwer, dieser alten hawaiianischen Denkweise folgen zu können. Anfangs hatte ich richtiggehend Kopfschmerzen, als würden meine eingefahrenen Denkplatten im Kopf regelrecht aneinanderreiben, bis sie sich neu zurechtgeschoben hatten.

Ich erinnere mich auch an das ungläubige Staunen im Zuhörerkreis bei den ersten Vorträgen zum Hoppen. Bärbel und ich brauchten immer eine Weile, bis der Groschen beim Auditorium gefallen war.

Eine befreundete Buchhändlerin war bei vielen Abenden dabei, in denen ich in ihrem Laden das Hoppen erklärte. Aber erst nach dem sechsten Abend nahm sie mich nachher beiseite und meinte, jetzt erst hätte sie ansatzweise begriffen, was die Hawaiianer mit dieser Methode eigentlich meinen. Also, bleib am Ball, wenn du erst einmal nur Bahnhof verstehst. Mir ging es anfangs auch so. Aber es lohnt sich. Dessen darfst du versichert sein.

In den folgenden Kapiteln möchte ich dir das Ho'oponopono wie auch das Hoppen vorstellen. Es gibt von beiden eine Menge neuer Varianten. Einige davon möchte ich dir hier näherbringen. Es sind durchweg diejenigen, welche sich vor allem in meinen Seminaren als am praktikabelsten erwiesen haben. Es steht dir frei, selbst zu spüren, welche Methode für dich die beste ist. Das Universum ist vielfältig, und du hast die freie Auswahl, deinem Gefühl zu folgen, um dabei das zu entdecken, was dir am besten entspricht.

Grundsätzlich arbeitet das Ho'oponopono mehr mit der göttlichen Kraft und dem heiligen Geist, das Hoppen dagegen mit der Kraft der Liebe. Da es 2008, als Bärbel und ich unser erstes Buch zum Hoppen schrieben, keine oder kaum Literatur zum Ho'oponopono gab, haben wir mit dem Hoppen einfach eine eigene Art kreiert, die uns am meisten entsprach. Dabei flossen unsere eigenen Erfahrungen mit dieser Technik sehr stark ein.

Aus heutiger Betrachtung heraus ist es für mich nur eine Variante, ob ich Gott, den Heiligen Geist oder die Liebe anrufe, um Heilung zu erzielen. Denn wie die Sufis sagen, Gott ist Liebe, und Liebe ist Gott. Beides spielt Hand in Hand, und heute ist beides für mich untrennbar voneinander. Wirklich zu lieben bedeutet für mich heute, ganz Ja zum Leben zu sagen. Und damit auch zu Gott. Und wirklich an Gott zu glauben und in inniger Verbindung zu Gott zu stehen ist für mich ohne die Wahrnehmung und das Empfinden der göttlichen Liebe schlichtweg unmöglich. Und doch, es sei hier freigestellt, welche Methode dir am besten zusagt.

Da ich gern mit dem Herzen und der Liebe arbeite, liegt mir zugegebenermaßen das Hoppen näher. Bei vielen Seminaren und Workshops habe ich aber erlebt, dass viele Menschen heute auch eine sehr enge Beziehung zu Gott haben.

Letztlich ist es auch ganz bestimmt sowohl unserem Gott wie unserer Liebe egal, auf welchem Weg wir zur Heilung finden. Hauptsache, wir gehen diesen Weg. Ob es nun der Weg der Liebe oder der Weg zu Gott ist, steht uns frei. Hauptsache, wir gehen ihn von Herzen.

8

Das klassische Ho'oponopono

Ich kann dir nicht wehtun,
ohne mich selbst zu verletzen. (Mahatma Gandhi)

Erst erschafft der Mensch Gott,
dann erschafft Gott den Menschen. (Sufi-Weisheit)

In seinem Ursprung bedeutet HO'O etwas machen und PONO Ausgleich oder Perfektion. Übersetzen könnte man Ho'oponopono dann als »etwas tun, um Perfektion wiederherzustellen«. Perfektion möchte ich deuten als einen Zustand der Vollkommenheit, aus dem ich mich entfernt habe. Ho'oponopono zu betreiben hat damit das vorrangige Ziel, in die göttliche Vollkommenheit zurückzufinden. Ich habe mich von ihr entfernt. Aber es liegt auch voll und ganz in mir, sie in mir wiederzuentdecken.

Der Verlust des Zustandes der Vollkommenheit zeigt sich in mir durch Disharmonie, Probleme und vielfältige Arten von Ungleichgewicht. Der erste Schritt in dieses Ungleichgewicht findet in meinem Denken statt. Ich bewerte und beurteile Dinge in meinem Leben als falsch, verletzend und negativ. Beispielsweise waren sich die Hawaiianer sehr klar darüber, was auch die indischen Veden sagen: »Achte auf deine Gedanken, denn sie werden Taten. Achte auf deine Taten, denn sie werden dein Schicksal.« Entstand darum innerhalb des Familienklans der Hawaiianer ein Konflikt, so galt es, frühzeitig für den inneren Frieden aller Beteiligten zu sorgen. Ein schwelender Konflikt, der immer zuerst in Gedanken stattfindet, führt zwischen zwei oder mehr Menschen früher oder später zu einer handgreiflichen Streiterei.

Als altem Kölner fällt mir da zuallererst der jahrhundertealte Konflikt zwischen Düsseldorf und Köln ein. Es wird gemunkelt, der Keim für diese schon ewig während Auseinandersetzung sei im Jahr 1289 bei der Schlacht von Worringen gesetzt worden. Jeder hat inzwischen vergessen, um was es bei diesem Krieg eigentlich ging. Ist ja schließlich auch egal. Hauptsache, wir haben unser Feindbild. Und überhaupt, die Düsseldorfer wohnen ja rheinab und müssen darum sowieso unser Wasser trinken. Außerdem gibt es dort ein Bier, das so schmeckt, wie es heißt: Alt. Generationen haben diese Reiberei mit Energie genährt, bis sie dem Rheinländer in Fleisch und Blut, wenn nicht sogar in die Gene übergegangen ist.

Auf Hawaii waren die Menschen da bereits viel fortschrittlicher. Wie schon die Mystiker des Mittelalters wussten auch sie, dass jedes Problem im Inneren eines Menschen seine Entsprechung in der äußeren Welt haben muss. Wir haben dies bereits in der Einleitung kennengelernt. »Wie innen, so außen. Wie außen, so innen.«

Möchte ich ein Problem in meiner äußeren Welt beseitigen oder zum Guten verändern, so bedeutet dieser Satz, dass ich dazu zuerst in meinem Inneren für Frieden und Gleichgewicht sorgen sollte. Denn ich bin immer und jederzeit in der Lage, Kontakt aufzunehmen zur göttlichen Quelle. Und darin liegt meine Verantwortung. Ich selbst habe die Lösung des Problems in der Hand durch die hingebungsvolle Praxis des Ho'oponopono.

Es tut mir leid.
Bitte verzeih mir.
Ich liebe dich.
Danke.

Spreche ich diese vier Sätze voll Demut, so hat dieses Ritual die ungemeine Kraft, die Harmonie in meinem Inneren wiederherstellen zu können. Ich vergleiche das gern mit der Reset-Taste bei meinem Rechner. »Bist du sicher, dass du alles löschen möchtest auf deiner Festplatte?« »Ja!« Und schwupp, alles ist gelöscht. Der Speicher ist leer. »Beginne getrost von vorn«, wie mein Professor an der Uni immer so ungeheuer aufmunternd zu sagen pflegte.

Genauso funktioniert Ho'oponopono.

Mir ist bewusst, in meinen Inneren sind eine Vielzahl von Erinnerungen, Glaubenssätzen, Ängsten, Zweifeln und Blockaden, die voll von Disharmonie stecken. Zumeist sind sie tief in meinem Unterbewusstsein vergraben und treten kaum oder niemals über die Schwelle meines Bewusstseins. Trotzdem wirken sie (als inneres Problem) auf mein Universum ein und erzeugen ein (äußeres) Problem. Bewusst, aus meinem Verstand heraus, kann ich nur wenig Einfluss auf mein Unbewusstes nehmen. Es ist einfach eine ganz andere Ebene. Trete ich aber in Verbindung mit Gott oder dem Ursprung, wird die Heilung möglich.

Im Glauben der Hawaiianer kann ein inneres Ungleichgewicht in diesem oder auch in früheren Leben entstanden sein. Ähnlich wie bei der Familienaufstellung heilt Ho'oponopono außerdem nicht nur meine eigenen Verletzungen, sondern auch die meiner Väter, Urgroßväter und meiner ganzen Familienwurzel bis zum Anbeginn der Zeit.

Viele von uns fühlen sich aber auch mit anderen Menschen außerhalb der eigenen Ahnenreihe seelenverwandt und stark verbunden. Diese Menschen, die mir viel bedeuten, zähle ich zu meiner Seelenfamilie. Das Faszinierende an Ho'oponopono ist nun, dass immer mehr Menschen von mir akzeptiert und angenommen werden können. Diese Trennung in Gut und Schlecht wird immer mehr aufgeweicht. Das Kriterium Sympathie/Antipathie verliert nach und nach an Bedeutung.

Für mich ist die wachsende Begeisterung für Ho'oponopono damit ein Kennzeichen der neuen Zeit. Wir beginnen, uns immer mehr als eine menschliche Einheit zu begreifen, und die Grenzen und Trennungen zwischen uns lösen sich langsam auf. »Ich kann dir nicht wehtun, ohne mich selbst zu verletzen«, dieser Ausspruch von Mahatma Gandhi ist eine der Quintessenzen dieses Vergebungsrituals. Anders formuliert gipfelt Ho'oponopono sogar in der Erkenntnis: »Wer andere verletzt, kann nur selbst schon verletzt und in Unfrieden sein.«

Sonst wäre ihm diese Handlungsweise fremd und gar nicht möglich. Ich beginne, Mitgefühl mit meinem Gegenüber zu entwickeln – auch wenn ich verletzt wurde. Und ich fange an, die volle Verantwortung für mein Leben zu übernehmen. Auf Wiedersehen, Opferdasein! Willkommen, Schöpferkraft! Was immer mir in der Welt zustößt, es muss im Einklang mit meinem inneren Zustand stehen. Ich stehe in Resonanz mit der ganzen Welt, und alles, was ich als falsch, schlecht oder nicht in Ordnung werte, ist doch nur ein Spiegel meiner eigenen Unvollkommenheit. Die Welt da draußen ist ein Spiegel meines Inneren, denn ich projiziere nach Herzenslust meine innere Welt nach da draußen.

Heile ich mich, heile ich die Welt da draußen.

Ho'oponopono ist in der Lage, jedes Problem, dem ich mit Körper, Seele oder meinem Geist anhafte, zu lösen und zu transformieren.

Dein Chef ist ungerecht zu dir? Die Steuererklärung geht dir auf die Nerven? Dann sag dir hingebungsvoll die vier Sätze:

Es tut mir leid.
Bitte verzeih mir.
Ich liebe dich.
Danke.

Jeder Menschund jede Tatsache, die in meinen Dunstkreis gelangen und die ich als schlecht und ungut bewerte, zeigen mir Themen, an denen ich innerlich arbeiten kann. Im Grunde denke ich die Sichtweise des Ho'oponopono zu Ende, beschwere ich mich doch laufend über mich selbst, wenn ich über mein Leben und die Lebensumstände schimpfe und klage.

Das Leben ist wie ein Drehbuch, das jeden Tag von mir selbst unbewusst immer neu geschrieben wird. Es ist wie eine Wiese mit frisch gefallenem Schnee, die ich immer neu betrete. An jedem Tag ist eine neue Seite in meinem Drehbuch, weiß und unbeschrieben. Bis ich sie beschreibe, mit meinen Vorstellungen, inneren Bildern und Erwartungen. Ho'oponopono ist ein Weg, wie ich mich mit mir und meinen eigenen Schöpfungen versöhnen kann.

Die Sufis sagen: »Erst erschafft der Mensch Gott, dann erschafft Gott den Menschen.«

Dies ist so gemeint, dass wir Gott als eine Art Brücke zu uns selbst betrachten können. Im Beten und stetigen Glauben an

Gott als eine höhere Instanz geschieht eben diese Rückver-
bindung, die auch das Ho'oponopono betreibt und anstrebt.
Durch diese Erinnerung wird etwas in mir getriggert und führt
schließlich zu einer dauerhaften Veränderung in mir. Das Chris-
tentum spricht hier vom göttlichen Funken, den ich anfeuern
und vergrößern kann. Wächst dieser Funke heran, so kann ein
inneres Wachstum geschehen, an dessen Ende ein Mensch viel
mehr werden kann, als er sich in seinen kühnsten Träumen vor-
zustellen vermag.

Deswegen segnen die Sufis seit Urzeiten jeden Menschen
mit den Worten: »Werde, was du schon immer bist!« Denn in
jedem von uns wartet ein göttlicher Funke darauf, entfacht zu
werden. Auch in dir!

Die Kraft des Ho'oponopono resultiert vor allem aus der Versöhnung mit mir selbst. Anstatt weiterhin die Dinge und Menschen in meinem Leben abzuwerten und zu verurteilen, nehme
ich sie an. Das Verurteilen tut mir letztlich selbst nicht gut, da
ich doch nur mich selbst im Spiegel meiner Welt betrachte.
Jede Abneigung, jedes Dagegen raubt mir damit ständig nur
selbst Energie und schwächt mich immer mehr. Versöhnung
mit meiner Welt versöhnt mich vor allem mit mir. Darum ist
Ho'oponopono für mich ein großes Prinzip der Selbstliebe. Ich
schenke mir selbst Kraft, Anerkennung und Wertschätzung, je
mehr meine Welt gut ist, so wie sie ist.

Wir denken immer, die Zukunft liegt vor uns, und wir können wählen, welchen Weg wir gehen. Es ist aber sowieso so,
dass wir immer wählen – durch unsere innere Haltung können
wir Türen öffnen oder verschließen. Jammere und schimpfe ich
immer nur, werden sich Türen öffnen, die zu mehr Kummer
und Ärger führen. Denn das ist das Gesetz der Resonanz. Bin

ich in Frieden und Dankbarkeit, so öffnen sich Türen, die zu mehr davon führen. Ein Flow setzt ein, der mich zum Besten führt, was mir geschehen kann. Ho'oponopono lässt mich in diesen Fluss des Lebens eintreten. Es ist ein Zauberweg, Probleme in meinem Leben als meine eigene Schöpfung zu akzeptieren.

Mein Problem entspringt aus mir. Ich bitte die göttliche Kraft (oder beim Hoppen die Liebe im Herzen), sich des Problems anzunehmen und Heilung in meinem Inneren herbeizuführen. So lösen sich Probleme immer häufiger auf und stehen mir nicht mehr im Weg. Ich übernehme die Verantwortung für mein Problem und gehe somit aus der Ablehnung in die Annahme. Ich gebe den Kampf und den Widerstand auf und betrete damit den Bereich der ungeahnten Möglichkeiten. Alles wird möglich, wenn ich annehme, statt abzulehnen. Probleme verwandeln sich in Chancen und neue Möglichkeiten.

Erinnert sei hier noch einmal an den Ausspruch von Bärbel: »Die größte Fähigkeit zur Veränderung resultiert aus der völligen Akzeptanz des Istzustandes.«

Wenn ich den Istzustand immer mehr akzeptiere, dann ist alles, was geschieht, gut. Und aus diesem harmonischen Gleichgewicht zwischen mir und meiner Umwelt kann dann das Beste für mich und alle Beteiligten entspringen. Der Fluss setzt ein, der Flow geschieht und trägt mich spielerisch weiter. Glück zieht mehr Glück an, es setzt sich fort und multipliziert sich nach vorn – in die Zukunft.

Um die Wirkung des Ho'oponopono ganz plastisch zu verdeutlichen, möchte ich noch ein Beispiel geben. Wir alle sind ja zumeist der Meinung, ein Einzelner könne keine großartige

Veränderung in der Welt bewirken, und darum versuchen wir es meist erst gar nicht. Ho'oponopono hat aber solch eine Kraft in sich, dass dieser alte Glaube nicht mehr stimmt. In jeder Gruppe von Menschen, an der ich beteiligt bin, kann ich die Verantwortung für mein Problem übernehmen. Sei es in einer größeren Abteilung, sei es im Sport in meiner Mannschaft oder in meinem Wohnhaus mit vielen anderen Mietern. Ich kann mich innerlich in Frieden und Gleichgewicht bringen, und wenn ich meine Themen heile und kläre, heile ich auch die der anderen Menschen um mich herum.

Darum wird auch dir die Anwendung dieser Vergebungstechnik früher oder später die Wahrheit des folgenden Satzes näherbringen:

**»Es genügt, wenn einer das Licht anknipst.
Dann wird es für alle hell.«**

Ho'oponopono macht Licht, wo es vorher dunkel war. Und in diesem Licht ist kein Platz mehr für Schatten und Projektionen. Heilung kann geschehen.

Hier nun einige Beispiele, wie du Ho'oponopono ganz praktisch anwenden kannst.

Übung
Ein erstes Ho'oponopono

 Setz dich für ein paar Minuten ganz ruhig hin, ohne dabei gestört zu werden. Am besten eignet sich dazu der frühe Morgen oder der späte Abend. Diese Zeit ist jetzt nur für dich. Widme dich deinen Gedanken und wähle willkürlich ein Problem aus. Am besten eignet sich eine Thematik aus dem zwischenmenschlichen Bereich. Es ist egal, ob es ein großes oder ein scheinbar kleines Problem ist. Meine Erfahrung ist, dass besonders bei scheinbar kleinen Themen oftmals sehr tiefe und gute Einsichten entstehen können. Dies allein zeigt, wie sehr wir auch hier bewerten und eine Trennung in Groß oder Klein vornehmen.

Nun betrachte das Problem von allen Seiten. Stell dir eine bekannte Situation vor, in der du dieses Problem gehabt hast. Wie geht es dir dabei? Lass alle Gefühle zu, die sich zeigen wollen. Dann sprich die vier Sätze wie ein Gebet, im tiefen Wunsch, dieses Problem zu lösen oder zu verbessern:

Es tut mir leid.
Bitte verzeih mir.
Ich liebe dich.
Danke.

Wiederhole diese vier Sätze, bis sich dein Gefühl verbessert und es dir leichter um dein Herz geworden ist.

Übung
Ho'oponopono singen

 Weil ich selbst gerne singe (wenn auch nicht so toll), habe ich für mich beim Singen eine Variante gefunden, die mir persönlich sehr zusagt. Zum Ho'oponopono eignet sich dabei besonders das Lied »Danke für diesen guten Morgen« von Martin Gotthard Schneider. Es ist ein Kirchenlied und wird sehr gern auf Hochzeiten und Taufen gesungen. Wer das Lied nicht kennt, kann es sich in vielen Varianten auf You Tube anhören.

Bevor du mit dem Singen beginnst, vergegenwärtige dir ein Problem in deinem Leben und sprich die vier Sätze mehrmals laut aus.

Es tut mir leid.
Bitte verzeih mir.
Ich liebe dich.
Danke.

Dann beginne mit dem Singen, wie in der Kirche, als eine Art gesungenes Gebet.

Als ich das Lied zum ersten Mal hörte, lief mir ein Schauer über den Rücken. Erstmals bekam ich eine Idee davon, was Glauben mir geben kann. Wenn auch dir dieses Lied etwas bedeutet, dann verwende es doch ebenfalls. Sonst steht es dir frei, ein Lied zu verwenden, das dir besonders gut gefällt und das dich mit deinem Gott zu verbinden vermag.

Übung
Setz dich vor deinen Gott

 Diese Variante eignet sich besonders für Menschen, die bereits einen guten Draht zu ihrem Gott aufgebaut haben. In meinen Seminaren sind immer häufiger auch Menschen, die davon berichten, wie viel ihnen ihr Gott bedeutet.

Am besten setzt du dich zu dieser Reise auf einen Stuhl oder, wenn du das Meditieren gewohnt bist, auch im Meditationssitz auf dein Kissen. Atme einige Male tief ein und finde zu deiner inneren Mitte. Am einfachsten ist es, den Atem zu beobachten und ihm in Gedanken zu folgen, wie er ein- und ausfließt. Dann stell dir vor, du befindest dich in den Bergen. Dein Blick geht weit über die Gipfel, und du erschauderst ein wenig vor der Allmacht dieses Anblicks. Du gehst einen Weg entlang – sehr hoch oben auf dem Kamm eines Berges –, und kommst an eine kleine Kapelle mit einer Bank davor. Du setzt dich auf diese Bank, blickst auf die Berge und schließt dann deine Augen. Sprich die vier Sätze laut aus und suche dabei den Kontakt zu deinem Gott.

Es tut mir leid.
Bitte verzeih mir.
Ich liebe dich.
Danke.

Schließlich stell dir mit geschlossenen Augen vor, wie sich ein Mensch dir gegenüber auf die Bank setzt. Es ist dein

Gott. Wie sieht er für dich aus? Sprich die vier Sätze und bitte deinen Gott, die notwendige Verwandlung in deinem Inneren vorzunehmen, damit Heilung und Ausgleich stattfinden können.

Es tut mir leid.
Bitte verzeih mir.
Ich liebe dich.
Danke.

Beende die Übung, wenn es sich für dich richtig anfühlt.

Übung
Vater-Mutter-Atmen

 Bei dieser Übung verbinden wir uns über den Atem mit dem Vater im Himmel und unserer Mutter Erde.

Setz dich bitte wieder bequem hin und atme einige Male langsam und entspannt ein und aus. Atme von ganz oben aus dem höchsten Himmel ein und spüre dabei die Liebe deines himmlischen Vaters. Atme nach unten in die Mitte der Erde aus. Atme aus der Mitte der Erde ein. Spür die Liebe der Mutter Erde, die dich mit allem, was du brauchst, versorgt. Atme nach oben in den höchsten Himmel aus. Atme wieder von oben ein und so weiter.

Bei jedem Atemzug geh in eine immer enger werdende Verbindung zu deinen göttlichen Eltern.

Stell dir vor, wie ihre Energie in deine Lungen strömt. Bei jedem Atemzug mehr und mehr. Dann lass den Atem zu dem Teil in dir fließen, der mit deinem Problem in Resonanz steht. Bitte die Mutter Erde und den himmlischen Vater, über deinen Atem in Kontakt zu diesem inneren Teil in dir zu treten, um so Heilung entstehen zu lassen. Sag dabei die vier magischen Sätze:

Es tut mir leid.
Bitte verzeih mir.
Ich liebe dich.
Danke.

9

Hoppen

Wer Liebe lernen will,
bleibt immer Schüler. (O. R. Bernhardi)

Ein erfolgreicher Arzt muss seinen Patienten
nur so lange gut unterhalten,
bis die Heilung von selbst eintritt. (Oscar Wilde)

Der oben genannte Ausspruch von Oscar Wilde trifft die Herangehensweise beim Hoppen auf den Punkt. Ich bin nun gerade in meinen »besten Jahren«, wie man bei Männern um die fünfzig so charmant formuliert, und habe daher schon die eine oder andere Methode zum inneren Wachstum ausprobieren dürfen. Bei den meisten dieser Techniken galt es, etwas aufzuarbeiten und zu verstehen, und oft artete dieser Prozess früher oder später in harter Arbeit am Selbst aus.

Hoppen ist dagegen leichter und irgendwie freudiger. Man kann dabei Probleme wirklich an ihrer Wurzel packen und verfahrene Situationen mit anderen Menschen schlagartig verbessern – und das auf spielerische und einfache Art. Besonders für Bärbel war immer klar, für sie musste alles Spaß machen und voller Leichtigkeit sein. Sonst war es nicht ihr Ding. Hoppen bietet genau das. Für uns war und ist es wie eine Art Spiel, das nebenbei auch noch sehr viel Selbsterkenntnis über sich und andere Menschen schenkt. Immer wieder luden wir Freunde zum Hoppen zu uns ein. Immer wurde dabei ganz viel gelacht und getratscht. Es war einfach eine Art Gathering, eine Zusammenkunft, die auch viele Urvölker schon betrieben haben. Man kommt zusammen, ganz zwanglos, und schaut einfach, was dabei passieren möchte. Irgendetwas Interessantes wird sich sicher zeigen. Für Bärbel und mich gilt dabei immer die alte Weisheit:

Die Wahrheit, sie muss einfach sein!

Eine Wahrheit muss sich nicht in komplizierten Formulierungen verstecken. Wenn etwas wirklich wahr ist, dann ist es einfach zu beschreiben und einfach zu verstehen. Und zwar für jeden Menschen, man muss dazu kein Professor sein. Die Wahrheit beim Hoppen lautet: Das Außen ist ein Spiegel meines Inneren. Wenn ich mein Inneres verbessere und heile, heile ich auch meine äußere Welt.

Der einzige Unterschied zum Ho'oponopono – beim Hoppen wird die Heilung des Inneren durch die Kraft der Liebe herbeigeführt. Das Ho'oponopono nutzt stattdessen die Kraft des Gebetes. Wie schon gesagt, sind dies aber nur zwei Seiten derselben Medaille. Denn Liebe und Gott sind auf dieser Ebene verschmolzen. Beide führen zum selben Ziel.

Seit dem ersten Buch über das Hoppen sind nun schon bereits fünf Jahre vergangen. Dabei haben sich viele neue Varianten gezeigt, die ich im dritten Teil gerne vorstellen möchte. Beginnen möchte ich aber mit der Beschreibung der Urformen des Hoppens, um auf ihnen aufbauen zu können:

- die doppelte Verständnistechnik
- die Herzenstechnik

- die Liebestechnik
- das Wundertagebuch (ihm habe ich ein eigenes Kapitel gewidmet)

Viele Beispiele dazu finden sich auch in unserem ersten Hoppen-Buch *Cosmic Ordering – die neue Dimension der Realitätsgestaltung.*

Die doppelte Verständnistechnik

 Weil Bärbel diese Art des Hoppens besonders gern eingesetzt hat, haben wir sie kurz die Bärbel-Technik genannt. Im Gegensatz dazu steht die Herzenstechnik, die wir nach mir auch die Manfred-Technik getauft haben. Und so funktioniert die Verständnistechnik:

- Such dir einen Menschen oder eine Situation, mit dem/der du Probleme hast.

- Der Beweggrund, warum der andere so ist, ist nicht dein Problem! Aber du kannst die Resonanz dazu in dir heilen.

- Frage dich: Wenn ich so handeln würde wie der Betreffende, warum würde ich das tun? Welches Gefühl hätte ich dabei? Warum habe ich mir diese Situation erschaffen?

- Wenn du eine Antwort in dir findest, sage zu dir selbst: »Es tut mir leid. Bitte verzeih mir. Ich liebe mich!« Du liebst dich und dein Gefühl, das du in dir findest.

  Wichtig: Dabei ist es nach wie vor egal, warum der andere so handelt. Du heilst nur deine Resonanz dazu, indem du dich fragst, wenn ich so handeln würde, was wäre mein Beweggrund. Den heilst du in dir. Nicht den anderen. Der ist für sich selbst verantwortlich!

- Es geschehen durch diese Übung zwei Dinge:

  Erstens: In dir entsteht ein Verständnis, dass es möglich ist, so zu handeln aus eigenen inneren Problemen heraus. Du beginnst das Verhalten des anderen nicht mehr als Angriff gegen dich zu erleben, sondern als Ausdruck seiner eigenen Probleme, und Schmerzen in seinem Leben. Sobald du das durch diese Übung fühlen kannst, wirst du frei. Du bist automatisch freier und glücklicher, egal was der andere tut.

  Zweitens: Deine veränderte Resonanz führt sehr häufig auf lange Sicht (oder manchmal auch sofort) dazu, dass der andere sein Verhalten dir gegenüber ändert, ohne dass du ein Wort dazu zu verlieren brauchst. Sein altes Verhalten passt dann einfach nicht mehr zu deiner Resonanz.

Der andere kann sich ändern in dem Moment, wo dein Glück nicht mehr von seinem Verhalten abhängt!

- In Teil zwei kannst du dich fragen, warum du dir so eine Situation geschaffen hast, und das nun auftauchende Gefühl ebenfalls mit »Ich liebe mich« usw. heilen.

- Du kannst jede Übung beenden mit: »Danke, danke, danke.« Danke für die Erkenntnis, danke für die erlebten Gefühle, danke für die Liebe.

Diese Technik heilt doppelt, da sie beide Seiten des Problems anschaut, sowohl deine eigene (warum habe ich mir so eine Situation erschaffen?) wie auch die Seite deines Gegenübers (wenn ich mich so verhalten würde wie dieser Mensch, warum würde ich das tun?). Abschließend führst du dann für beide Seiten das bekannte Vergebungsritual durch, indem du die vier Sätze sprichst. Dabei sprichst du zu dir selbst.

Es tut mir leid.
Bitte verzeih mir.
Ich liebe dich.
Danke.

Gerade zu Anfang, wenn du noch nicht sehr viel Erfahrung mit dem Hoppen sammeln konntest, empfiehlt es sich, dazu eine Runde von Freunden einzuladen. Zu diesem Zweck haben wir auch im Bärbel Mohr Forum eine eigene Rubrik »Hoppen« eingerichtet. Hier kannst du ein Thema einstellen und mit Gleichgesinnten gemeinsam hoppen. Im Anhang findest du außerdem Anbieter regionaler Hoppings, die du zum Üben aufsuchen kannst. Alle Anbieter sind erfahrene Hopper, die meisten haben die Ausbildung zum »Coach für positive Realitätsgestaltung« bei uns durchlaufen.

Weil es mir so in Fleisch und Blut übergegangen ist, meine eigenen Themen auf den anderen zu projizieren, wird bei den ersten Versuchen zu hoppen meist eine Antwort in der Art herauskommen wie: »Wenn ich du wäre, dann machst du das nur, weil du schon immer …« So funktioniert es aber nicht. Es geht um deine Resonanz und um deine Heilung. Der Klient, der das Thema auf den Tisch bringt, dient uns nur als Übungsfeld, die eigenen Themen zu betrachten. Jeder arbeitet nur mit sich selbst. Achtet sehr darauf, wenn ihr mit dem Hoppen starten möchtet. Darum sag am besten immer zu Anfang einer Antwort, die du bei der doppelten Verständnistechnik findest, den Satz: »Wenn ICH mich so verhalten würde wie dieser Kollege, dann, weil ich schon immer …« Bleib beim Hoppen immer ganz bei dir.

Am besten, wir üben hier einfach mal gemeinsam an einem Beispiel. Claudia, eine Seminarteilnehmerin, hatte ein Problem mit einem Kollegen, der so laut redet, dass alle zwangsläufig mithören müssen. Außerdem war Claudia sauer auf diesen Kollegen, da er dabei immer sehr großspurig von seinen Leistungen erzählt. Wir hoppten diesen Kollegen mit der Frage: Wenn ich mich so verhalten würde, warum würde ich das tun? Und die Antworten waren:

»Ich würde mich so verhalten, wenn ich innerlich wüsste, dass ich nicht gut arbeiten würde. Ich würde daher nach außen die Rolle des Erfolgreichen spielen, damit niemand das merkt. Innerlich wüsste ich aber, dass alle mein Spiel durchschauen. Dadurch würde ich das Spiel noch weiter auf die Spitze treiben. Ich habe innerlich ganz viel Angst, dass jemand meine Schwäche erkennt.«

»Ich würde mich so verhalten, wenn ich unglaublich gel-
tungsbedürftig wäre. Ich finde es toll, wenn mir viele Leute
zuhören, ich fühle mich wohl, im Mittelpunkt zu stehen.«

»Vielleicht würde ich die Aufmerksamkeit brauchen, weil sie
mir als Kind gefehlt hat. Ich hole sie mir jetzt bei anderen.«

Die Gegenseite dieses Problems zeigt sich bei der zweiten
Frage: »Warum habe ich mir so einen Kollegen erschaffen?«

Wie wäre deine Antwort? Hopp mit! Unsere Antworten
waren zum Beispiel:

»Der Kollege zeigt mir meinen eigenen Wunsch danach, gesehen zu werden, den ich aber nicht zugebe. Wenn ich lerne,
den Kollegen anzunehmen, bedeutet das für mich auch, mehr
zu meinem eigenen Wunsch zu stehen und ihn auch so besser
zulassen zu können.«

»Der Kollege zeigt mir meinen eigenen Geltungsdrang. Ich
unterdrücke ihn, weil ich meinem eigenen Wunsch nach mehr
Aufmerksamkeit nicht nachkomme.«

»Wenn ich so einen Kollegen hätte, dann, um zu lernen, jeden Menschen so zu lieben, wie er ist.«

Denk daran, am Ende jeder Antwort zu dir selbst zu sagen:

Es tut mir leid.
Bitte verzeih mir.
Ich liebe dich.
Danke.

Die Herzenstechnik

 Die Ebene von Liebe liegt weit oberhalb unseres Verstandes. Deshalb hatte ich anfangs so meine Probleme mit der doppelten Verständnistechnik. Ein Problem? Na, das habe ich dann doch gleich mal erfolgreich gehoppt! Ich fragte mich, warum ich ein Problem mit dieser Methode hatte, und entdeckte, dass ich dem Verstand grundsätzlich misstraue. Also habe ich mein Misstrauen geliebt und ins Herz genommen. Wie ich das gemacht habe? Nehmen wir es doch gleich als Übung, dir die Herzenstechnik näherzubringen.

• Such dir ein beliebiges Problem aus. Nimm einfach das erste beste, das sich zeigt. Dann mach die Herzenstechnik damit. Nimm dein Problem in dein Herz und sage ihm: »Was auch immer dieses Problem in meinem Leben herbeigeführt haben mag, es muss mit mir zu tun haben. Und den Teil in mir, der dieses Problem verursacht, den nehme ich in mein Herz. Ich liebe diesen Teil, ich verzeihe ihm, ich nehme ihn ganz an. Und ich danke diesem Teil, auch er ist ein Teil von mir. Ich schenke diesem Teil meine ganze Liebe.«

• Wiederhole diese Sätze, bis sich in dir Erleichterung zeigt. Du merkst es, wenn sich dein Atem beruhigt und du ein angenehmes Gefühl bekommst. Wichtig bei dieser Übung ist es, die Liebe so stark wie möglich zu spüren. Denn sie ist es, die zur Verwandlung des Teils in dir führt.

- Nimm auch die Antworten bei der doppelten Verständnistechnik in dein Herz. Schenk auch ihnen deine Liebe. Denn durch die Liebe können auch sie verwandelt werden.

- Seid da ruhig mutig und macht es wie beim Bestellen – einfach so, wie es sich richtig anfühlt. Es ist tausendmal besser, es so zu machen, wie du es eben kannst, als es gar nicht zu machen, weil du denkst, du kannst es nicht! Denn dann tut sich mit Sicherheit nichts. Denn dann setzt du deine Liebe nicht ein.

Petra ist Lehrerin, und immer wieder gibt es »Pubertisten« in ihren Klassen, die ihr das Leben ganz schön schwer machen. Ein 11-jähriger Junge namens Norbert sticht besonders hervor. Immer wieder wird ihm langweilig, er stört und pöbelt, und dann ist es des Öfteren vorgekommen, dass Petra ihn vor die Tür setzen musste. Sie konnte sich einfach nicht anders helfen. Dann war sie in einem von meinen Seminaren und probierte die Technik von Ho'oponopono mit Norbert aus. Immer wenn er nun wieder stört und schwierig wird, nimmt sie den Teil von ihr in ihr Herz, der dieses Problem erschaffen hat. Sie fühlt sich mit der Bärbel-Technik in Norbert ein und fragt sich: »Wenn ich mich so verhalten würde, warum würde ich das tun?« Und sie findet ihre eigene Langeweile, eben die Themen ihrer Kindheit. Und wenn sie sich fragt, warum sie sich so einen schwierigen Schüler erschaffen hat, dann kommen für sie Antworten, die mit ihr selbst zu tun haben. Genau darum ist sie ja auch Lehrerin geworden.

Inzwischen hat sich Norberts Verhalten geändert. Wo er früher aufmüpfig war und Petra nicht mal grüßte, kommt er heute in die Klasse und sagt: »Hallo, Frau Lehrerin, wie geht es Ihnen?« Er macht viel besser im Unterricht mit und wenn er zu viel Energie hat, gibt Petra ihm eine Aufgabe oder lässt ihn um den Klassenraum rennen. Es ist ein kleines Wunder, aber Petra meint, es käme daher, dass sie ihre Einstellung gegenüber Norbert grundlegend ändern konnte, da sie sich immer wieder selbst in ihm sieht.

Die Liebestechnik

 Wenn du bereits die doppelte Verständnistechnik und die Herzenstechnik angewendet hast, aber dein Problem noch immer nicht so recht die Segel streichen will, kannst du als dritte Möglichkeit die Liebestechnik verwenden.

Chuck Spezzano findet: »Verhalten, das nicht Liebe ausdrückt, ist ein Ruf nach Liebe.« Nur meist haben wir verlernt, dies zu hören.

- Darum frage dich bei einem Verhalten, das dich verletzt und nicht zur Ruhe kommen lässt: Könnte auch dies ein sehr versteckter Ausruf nach Liebe sein? Was liebt dieser Mensch, wenn er sich so gegenüber mir verhält? Ist es vielleicht ein Ruf nach Liebe? Vielleicht hat dieser Mensch nun mal keine andere Möglichkeit, diesem Bedürfnis Ausdruck zu verleihen?

- Darum frage dich doch einfach einmal versuchsweise beim nächsten Problem mit deinen Mitmenschen, ob dies ein Ruf nach Liebe sein könnte? Geh einfach mal davon aus, es wäre so. Was verändert sich damit? Mit welchen Augen betrachtest du dann diesen Menschen?

Die Liebestechnik zeigt mir persönlich sehr eindrucksvoll, welche Kraft in der Liebe schlummert. Alles, was wir tun müssen, ist, sie auch immer öfter zu nutzen. Eine Leserin, die in einer Pflegestation arbeitete, probierte diese Technik einfach mal bei ihren Patienten aus. Sie schrieb: »Mein Gott, Bärbel! Ich arbeite in einem Pflegeheim auf der Demenzstation, und hier herrscht wegen chronischem Personalmangel ständiges Chaos. Gestern ging ich bewusst mit Licht und Liebe zur Arbeit, und es war einfach nur schön. Trotz all der Arbeit habe ich mit den Menschen gesungen und gelacht. Es war so viel Freude in ihren Augen. Nie wieder werde ich diesen Mitmenschen anders begegnen. Schön, Bärbel, dass es dich gibt.«

Liebe öffnet unsere Scheuklappen. Plötzlich sehen wir die Dinge neu und ganz anders. Menschen in meiner Umgebung verändern sich, wenn ich sie mit den Augen der Liebe betrachte – weil ich mich verändere. Oder, wie Benjamin Franklin sagt: »Das gute Beispiel ist die beste Predigt.«

Dazu fällt mir eine Geschichte ein, bei der unsere beiden Zwerghasen eine tragende Rolle spielen. Flocke und Flecki bevölkern seit vier Jahren unseren Garten. Ihr Hasenstall und ihr dazugehöriger Auslauf sind derartig groß, dass böse Zungen sogar behaupten, unser Garten wäre genau genommen nur noch ein einziges Hasenparadies. Weil wir auf dem Land leben und Marder wie auch Wiesel kleine Hasen sehr schmackhaft finden, kommen die Hoppelmänner abends immer in den Stall. Einmal, mitten im Winter, es war schon stockfinster, konnte ich beim Zubettbringen der Hasen kaum die Hand vor den Augen sehen. Flocke saß bereits im Stall. Flecki war dagegen noch draußen, und ich versuchte, ihn wie immer in den Stall zu scheuchen. Brav lief er wenigstens schon mal in die richtige Richtung. Aber immer, wenn ich ihn dann ganz in den Stall hineinkriegen wollte, schlug er einen Haken und lief wieder davon. Habe ich schon erwähnt, dass wir ein sehr großes Gehege haben? Außerdem war es saukalt draußen, und es schneite. Jedenfalls ging es genau so weiter. Immer wenn ich ihn kurz vor dem Stall hatte, lief er wieder fort. Langsam wurde ich sauer, denn sonst sind unsere Hasen meistens ganz artig. Ich musste ihn also mit den Händen fangen, und er fiepte ganz erbärmlich bei dieser Jagd. Endlich hatte ich ihn geschnappt, ging zum Stall und wollte ihn hineinlegen. Da sah ich es! Die Klappe war schon zu – der Hase konnte beim besten Hasenwillen gar nicht hinein! Durch die Dunkelheit hatte ich das einfach nicht sehen können. Später stellte sich heraus, dass ein Freund von uns, der seit Jahren mal wieder zu Besuch war, uns mit »dem« Hasen helfen wollte. Er jagte einen Hasen in den Stall und machte zu. Leider wusste er nicht, dass es zwei Hasen sind. Flecki war nach dieser nächtlichen Aktion fix und fertig, von mir ganz zu schweigen. Aber dieses Erlebnis ist mir dann am nächsten Tag zu einem Gleichnis geworden.

Mir wurde klar, wie oft ich von mir und auch von anderen Menschen einfach zu viel erwarte. Wenn die Klappe zu ist, kann ich machen, was ich möchte. Es ist einfach unmöglich für uns (wie sinnbildlich für den armen Hasen), durch die geschlossenen Türen unserer Glaubenssätze und Meinungen hindurchzulaufen. Das gilt für mich genauso wie für andere Menschen. Egal ob ich Druck mache, schimpfe oder mir noch so viel Mühe gebe, daran etwas zu ändern: Die Tür bleibt zu!

Jeder agiert immer nur im Rahmen seiner eigenen Möglichkeiten. Also danke, Flecki! Und Entschuldigung. Ich wusste es leider nicht besser!

Die Liebe macht die Türen unseres Herzens auf. Und dann sind wir nicht länger gezwungen, immer dieselben problembeladenen Situationen anzuziehen. Stattdessen werden neue Möglichkeiten eröffnet, die meist weit über den Horizont unserer bisherigen Vorstellungen hinausgehen. Unsere Hasen haben mir zur Erkenntnis verholfen, wie wichtig es ist, offen zu sein und einen anderen, höheren Blickwinkel einnehmen zu können.

10

Praxisbeispiele

Wenn ich einen grünen Zweig im Herzen trage,
wird sich ein Singvogel darauf niederlassen.
(Chinesisches Sprichwort)

Man kann die Wunden anderer nur heilen,
wenn man selber welche hat. (C. G. Jung)

Eine Leserin fragte mich kürzlich nach einigen Details zum Hoppen. Die Fragen sind sehr typisch, wenn du gerade erst mit der Hoppen-Praxis beginnst. Darum sind die Antworten vielleicht ja auch für dich interessant. Schauen wir doch mal rein.

Frage: »Nachdem man gefragt hat, womit man das Problem erschaffen hat, muss doch erst der Grund gefunden werden, bevor man weitermacht. Richtig?«
Antwort: »Am Anfang und wenn man allein übt, findest du oftmals noch keine Antworten. Wir haben es darum meist in Gruppen geübt, bis alle es sich zutrauten, Antworten zu finden. Wenn du keine Antwort findest, macht das nichts. Dann mach einfach nur die Manfred-Technik: ›Ich liebe den Teil in mir, der dieses Problem erschaffen hat, und nehme ihn in mein Herz.‹ Ich habe dazu auch eine DVD gemacht, weil diese Frage öfter kam. Hier kannst du das Ritual anschauen und kommst vielleicht besser in die Energie von Liebe hinein (siehe An-

hang). Die Bärbel-Technik schenkt immer gute Antworten, um für dein Gegenüber mehr Mitgefühl zu bekommen. Allein das heilt oft auch schon die Situation.«

Frage: »Hat man den Grund dann erkannt, geht es weiter mit: ›Es tut mir leid. Ich verzeih mir. Ich liebe mich.‹ Richtig?«
Antwort: »Ja. Es geht aber nicht wirklich um das gelangweilte Hinunterbeten der Sätze. Geh vor allem ganz in das Gefühl von Liebe und Dankbarkeit gegenüber diesem Teil in dir, der dieses Problem erschaffen hat. Dabei spielt vor allem die Tiefe des Gefühls eine Rolle. Das Gefühl von Liebe heilt diesen Teil. Mit fortschreitender Praxis habe ich gemerkt, dass die Liebe der entscheidende Punkt beim Hoppen ist. Die vier Sätze des Ho'oponopono kannst du natürlich weiterhin verwenden. Ich selbst tue das heute allerdings nicht mehr.

Frage: »Wie oft meditiert man die Sätze? Nur ein Mal, mehrmals oder ständig, bis zum Beispiel eine Krankheit behoben ist?«
Antwort: »Tu es so lange, bis sich etwas verändert. Wieder ist die Tiefe des Gefühls entscheidend. Wir haben oft gute Erfahrungen damit gemacht, Freunde einzuladen und gemeinsam zu hoppen. Dann ist die Energie stärker, und das Gefühl von Liebe in der Gruppe trägt auch zum Erfolg mit bei. Gruppen sind besonders am Anfang sehr schön, wenn man Hoppen erlernen möchte. Vier Augen sehen mehr als zwei. Und wie Jesus so nett zitiert wird: ›Wo zwei oder mehr von euch zusammenkommen, da werde auch ich unter euch sein.‹«

Frage: »Ich habe jetzt ein Thema schon mehrmals gehoppt, aber bisher ohne Erfolg. Was mache ich falsch?«

Antwort: »Wenn ich dir eine Anleitung geben soll, dann die, am Ball zu bleiben. Mach vertrauensvoll weiter. Es ist einfach, die Flinte ins Korn zu werfen. Es hat Jahre gedauert, dieses Problem mit dir herumzuschleppen. Es wäre vermessen, anzunehmen, nun könnte es sich von heute auf morgen in Luft auflösen. Es kann geschehen, wir sollten es aber nicht erwarten. Darum gehört die tägliche Praxis zum Hoppen einfach dazu.

Es geht beim Hoppen, wie bei jeder denkbaren anderen Technik zur Selbstverwirklichung, immer nur darum, den einen tiefen Brunnen zu bohren, der bis ans Grundwasser reicht. Das dauert mitunter Jahre. Denn das ist das Wesen der menschlichen Natur, und Veränderungen brauchen einfach eine Weile. Meine Bitte, am Ball zu bleiben, meint wirklich die tägliche Praxis. Noch hast du erst ein paar Spatenstiche gemacht, dein Brunnen ist vielleicht einige Meter tief. Wann du auf Wasser stoßen wirst, weiß niemand. Das kann ich dir auch nicht versprechen. Aber wenn du in Hingabe zu Werke gehst, und dein Bestes dabei versuchst, wirst du sicher irgendwann an deinem Ziel ankommen.«

Frage: »Wie schnell wirkt Hoppen eigentlich?«
Antwort: »Hoppen wirkt so schnell und so gut, wie du es zulässt. Du selbst bist der bestimmende Faktor. Wenn du mit dir schimpfst und mit dir unzufrieden bist, weil dir einfach alles so langsam geht, dann wirkt es nicht. Darum liebe einfach alle deine Teile, so wie sie sind. Auch die trotzigen, unzufriedenen, langsamen und dummen. Auch die Teile, die nicht wachsen wollen, die neidisch sind oder in Konkurrenzdenken festhängen. Du bist gut, wie du bist. Und es dauert einfach Zeit, bis man wächst. Jemand sagte mal, am meisten wächst man dann, wenn man es gar nicht merkt und meint, zurzeit ginge ja gar

nichts voran. Sei also geduldig und dankbar für jedes kleine Wachstum und lieb und nett zu dir selbst.

Hoppen ist keine Fangopackung oder eine Tablette, die man einmal einwirft, und dann ist man gesund. Hier hat die Heilung nur mit mir zu tun, denn ich selbst bin der Arzt und Therapeut. Hoppen funktioniert so gut, wie ich in der Lage bin, es einzusetzen. Bestellen funktioniert auch nur im Rahmen der eigenen Möglichkeiten. Man sollte weggehen von dem Glauben, der Arzt macht mich gesund. Wenn ich nur den richtigen Arzt finde, werde ich gesund. Das ist genauso unwahr wie der Glaube, wenn ich nur erst den richtigen Traumprinzen finde, werde ich sicher geliebt. Es hat immer mit mir zu tun. Ich selbst mache mich gesund, ich selbst mache mich glücklich. Wir sollten aufhören, immer nur im Außen zu suchen. Hoppen legt den Schlüssel zum Glück in meine eigenen Hände.

Es sei an dieser Stelle auch erwähnt, wie häufig ich bei meinen Vorträgen auf Menschen stoße, die sehr angetan sind von der Technik des Hoppens. Für mich ist es eindeutig eine Heilmethode der neuen Zeit. Vor ein paar Monaten war ich auf einem Workshop, und zwei Damen waren extra aus Rosenheim angereist, um sich für das Hoppen zu bedanken. Ihre Begeisterung war sehr groß, und sie konnten von zahlreichen Hoppen-Erfolgen berichten. Sie hoppen alles, was nicht niet- und nagelfest ist. Mit berauschendem Erfolg.

Eine Leserin schrieb: »Ich möchte dir gerne meine Geschichte erzählen. Ich habe von meiner Nachbarin die Technik des Hoppens gelernt und sofort in meinen Alltag integriert. Ich arbeite im Auftrag einer Institution mit Menschen, die keine

Arbeit haben. Sie befinden sich 14 Wochen in so einer Art Kurs bei uns, in dem wir versuchen, Perspektiven zu erarbeiten. Eines Tages kam ein Teilnehmer, der sehr im Widerstand mit seiner Lebenssituation war. Er hatte seine ganze Aggression und seine negativen Gefühle auf mich projiziert und mir gesagt, er werde sich über mich beschweren. Zuerst hat es mich persönlich sehr berührt, weil ich aus meiner Sicht sehr wertschätzend mit den Teilnehmern umgehe. Ich habe nichts weiter getan, als ihm zugehört und ihm seine Meinung gelassen, nachdem er mein Büro verlassen hatte, habe ich ihn gehoppt (damals noch sehr naiv, da ich die Zusammenhänge in ihrer Gesamtheit noch nicht so verstanden hatte, wie ich es jetzt tue). Er hat sich, in der Folge, nicht über mich beschwert und war im Kurs selbst zwar etwas zurückhaltend, aber durchaus neutral. Zwei Wochen später kam der Hammer! Der Teilnehmer bat mich um ein Gespräch und sagte mir, ich wäre seine Traumfrau, er wolle Kinder mit mir. Er hätte noch nie einen so liebevollen Menschen wie mich getroffen! Ich konnte es kaum glauben, danach musste ich einfach nur herzlich lachen.

Seit diesem Erlebnis hoppe ich gemeinsam mit meiner Nachbarin, und ich könnte viele »kleine Erfolgsgeschichten« erzählen, an diese ragt jedoch bis jetzt keine heran! Ich heile mit Ho'oponopono meinen Anteil der Probleme meiner Klienten, und es ist für mich ein unendliches Wachsen.«

Ja, die Kraft des Hoppens ist schon erstaunlich. Und immer mehr Menschen erzählen mir ähnlich kraftvolle Geschichten. Ich möchte noch ein Erlebnis anfügen, dass ich in München hatte. Dort gebe ich regelmäßige Abende zum Thema Hoppen. Nach drei Wochen meldete sich ein Mann bei mir, der über ungewöhnliche Symptome berichtete. Er hoppte seit einigen

Tagen sehr intensiv, und sein Gefühl, mit allem verbunden zu sein, wurde immer stärker. Es war ein euphorisches, fast schon berauschendes Gefühl. Es fühlte sich unglaublich kraftvoll an, auf alles in seinem Leben positiv einwirken zu können. Fast – er wagte es kaum auszusprechen – fühlte er sich wie Gott.

Über dieses Phänomen berichten mir viele, die sich mit dem Hoppen intensiv beschäftigt haben. Es stellt sich manchmal gleich nach einer Weile des Übens eine Art Ekstase ein. Diese verfliegt aber nach einer Weile wieder. Mir selbst ging es auch zu Anfang so. Irgendwie gewöhnt man sich daran. Oder anders formuliert, nach einer Weile verfliegt die Lust am Neuen, und auch das Hoppen wird ins Leben integriert.

In Wien hoppten wir im großen Zelt der Praterfee vor ein paar Jahren mit 150 Teilnehmern das Thema Mobbing. *Bereits einen Tag später erhielten wir folgende E-Mail:* »Ich möchte mich bei Euch beiden bedanken – ich war die mit dem Mobbing-Problem – ich war bis zu Eurem Workshop nahe dem Herzinfarkt. Tatsächlich hatte ich seit Tagen Herzkrämpfe, so etwas kannte ich noch nie zuvor und außerdem Magenkrämpfe, alles miteinander. Es war sehr schmerzhaft, und es schien von Tag zu Tag immer schlimmer zu werden. Kein Arzt konnte mir helfen, kein noch so lieber Chef, nur Ihr beide – danke fürs Hoppen. Diese Technik ist genial und ein großes Danke nach Hawaii. Nach der Herzmeditation verschwanden sofort meine Herzkrämpfe, es war sooo gut, und es geht mir soooo gut. Danke, Danke, Danke!!! Und ich liebe mich!

Bitte macht weiter so, ich wünsche Euch von meinem geheilten Herzen das Allerbeste, viel Erfolg, viel Glück, viel Gesundheit und viel Reichtum für Eure Familie. In großer Liebe und Dankbarkeit!«

Eine Leserin sah sich die Ho'oponopono-DVD an und schrieb mir: »Ich bin völlig überrascht und fassungslos. Ich dachte, wie soll denn das vor dem Fernseher funktionieren? Aber mir laufen die Tränen immer noch. Das Beispiel auf der DVD, bei dem eine junge Frau sich von ihrem Partner getrennt hat, passt genau zu meiner jetzigen Situation. Und weil ihre Antwort: ›Man darf verletzen, um seinen Weg gehen zu können‹, wie eine Bombe in mein Herz eingeschlagen ist. Ich danke Ihnen herzlich für diese DVD.«

So ist Hoppen. Gute Frage – gute Antwort. Wenn man sich von dieser Technik berühren lässt, gehen die Türen des Universums auf. Liebe wirkt! Man muss es nur tun. Uns allen steht die Tür zum Herzen meilenweit auf, wenn wir es wollen. Jeder kann heute, nach der Jahrtausendwende, die Kraft der Liebe und des Verzeihens in sich kultivieren und fruchtbar einsetzen. Warum tun wir es nicht einfach?

Ein Leser schrieb uns gleich nach Erscheinen des ersten Hoppen-Buches: »Euer neues Bärbel-und-Manfred-Mohr-Buch ist herzerwärmend! Ein wunderbares Büchlein. Eine einfache Formel – und was so schön ist –, man reflektiert und begibt sich in die Situation anderer Leute. Es bringt die Leute näher zueinander. Toll! Ich muss sagen, es ist sehr gelungen und ganz wertvoll. Aber nun der Hammer: Als ich vom Schwarzwald zurückfuhr (da saß ich ein Weilchen und las euer Buch), dachte ich mir, ich könnte es ja mal an meinem Auto probieren. Da ist nämlich das Glasschiebedach kaputt – war gestern in der Werkstatt. Die haben alles geprüft und festgestellt, dass die gesamte Bedieneinheit im Eimer ist, und bestellten gleich eine neue, die heute noch nicht eingetroffen war. Nun dachte ich mir im Spaß, ich wende die Formel mal an. Versetzte mich ins Glasdach. Fragte: Was könnte es dazu bewegen, keinen Mucks mehr zu machen und so bockig zu sein? Antwort: Zu wenig Zuwendung während der letzten Jahre (stimmt, habe es kaum verwendet!), Mangel an Liebe. Ich sagte: ›Es tut mir leid. Ich liebe Dich (mich!)!‹ Das Ganze dauerte zwanzig Sekunden!

Und dann probiere ich gleich während des Fahrens das Glasdach: Und es ging augenblicklich!!! Einwandfrei mit allen Finessen und Möglichkeiten. Ich war so schockiert, dass ich fast die Böschung hinunterfuhr! Doch ganz unabhängig von meinem Erlebnis – dieses Buch ist ein Geschenk!«

Aber nun genug der Beispiele. Ich könnte hier noch eine Unmenge weiterer Geschichten erzählen, die uns seit der Entdeckung des Hoppens widerfahren sind. Hoppen lässt dir wie schon das Bestellen freie Wahl, wie du es anwenden solltest. Mach einfach kein Dogma daraus, welcher Weg besser oder einfacher ist. Fühl stattdessen, wie es sich für dich richtig anfühlt. Mach dein Hoppen und dein Ho'oponopono daraus. Jeder Mensch kann in sich selbst den eigenen und damit besten Weg finden.

11

Das Wundertagebuch

Wenn Sie sich aufrichtig auf unangenehme
Erfahrungen freuen können, gibt es nichts mehr
im Leben zu fürchten. (Byron Katie)

Wenn man Liebe hat im Kampf, so siegt man.
Wenn man sie hat bei der Verteidigung, so ist man
unüberwindlich. Wen der Himmel retten will,
den schützt er durch die Liebe. (I Ging)

Auch das Wundertagebuch wurde bereits im ersten Buch über das Hoppen vorgestellt. Weil es dort aber leider etwas zu kurz gekommen ist (wir hatten es gerade eben erst entdeckt), soll ihm hier ein eigenes Kapitel gewidmet sein. Denn gerade beim Wundertagebuch ist es dir möglich, im Voraus auf kommende Ereignisse positiv einzuwirken. Darum soll es hier ganz besonders gewürdigt werden.

Vielleicht kennst du ja dieses Gefühl: Morgen steht eine wichtige Prüfung bevor, etwa ein Vorstellungsgespräch für einen neuen Job. Am Tag davor zermarterst du dir den Kopf, was wohl geschehen wird, und deine Gefühle sind ganz voller Sorgen und Ängste. Auf der anderen Seite ist dir sonnenklar, wenn du mit diesem Gefühl in die Prüfung gehst, hast du schlechte Karten, die neue Stelle auch zu bekommen – denn die anderen Menschen werden deine Unsicherheit spüren und ebenfalls an deinen Qualitäten zweifeln. Was kannst du also tun?

Für diese Gelegenheiten habe ich mir das Wundertagebuch ausgedacht. Es ist wirklich empfehlenswert, sich tatsächlich ein Buch zu kaufen, um mit dieser Technik auch schriftlich zu arbeiten. Oder benutze doch einfach dein Tagebuch dazu. Es ist wunderschön, später einmal nachlesen zu können, welche Veränderungen, ja vielleicht sogar Wunder, sich in deinem Leben mithilfe dieser Hoppen-Variante einstellen durften.

Und das geht so:

- Zuerst schreibst du dir in dein Wundertagebuch genau auf, was du dir für dein Vorstellungsgespräch am morgigen Tag so alles wünschst. Das könnte beispielsweise ein guter Verlauf der Unterredung sein oder Fragen, die du gut beantworten kannst. Außerdem möchtest du vielleicht morgen eine tolle Präsentation deiner Fähigkeiten zeigen, eine wohlwollende Atmosphäre genießen, eine angemessene Bezahlung zugesichert bekommen und natürlich einen netten neuen Chef.

- Nun kommt das Wichtigste, stell dir nun dein Gefühl vor, visualisiere die Geschehnisse, die du eben aufgeschrieben hast, und fühle dich ganz so, als würde alles genau so eintreffen, wie es eben beschrieben wurde. Bei einem Vorstellungsgespräch kannst du das Wohlwollen deiner Gesprächspartner fühlen, die harmonische Stimmung und auch deine Zuversicht, den Zuschlag zu bekommen. Fühle schließlich auch, wie du diese Stelle wirklich bekommst. Gehe einfach ganz in alle Gefühle, die dir gut und richtig für den morgigen Termin erscheinen. Fühle alle guten Gefühle schon heute im Voraus. Das erhöht deine Resonanz, und die Wahrscheinlichkeit steigt ungemein, dass es morgen auch so kommen wird, wie du heute schon fühlst.

• Zugegebenermaßen hast du bei der vorausblickenden Sicht auf deine morgigen Gefühle sicher auch die eingangs beschriebenen Befürchtungen. Hier kommt das Hoppen ins Spiel. Frage dich im Hinblick auf dein Vorstellungsgespräch: »Welche Probleme und Schwierigkeiten könnte es geben? Und wie würde ich mich dabei fühlen?« Gib auch diesen Gefühlen Raum. Auch sie dürfen sein. Und dann machst du die Herzenstechnik mit deinen Gefühlen: »Ich liebe mein Gefühl von Angst. Ich liebe meine Zweifel. Es tut mir leid, wenn ich das Gefühl habe, nicht gut genug für diesen Job zu sein.« Nimm all diese Gefühle in dein Herz und schenk ihnen deine ganze Liebe.

Im Grunde hoppe ich beim Wundertagebuch eine Situation, die noch gar nicht eingetreten ist. Weil mir aber bewusst ist, dass meine Gedanken und vor allem meine Gefühle schöpferisch sind und voller Kraft, nehme ich sie wahr und lasse sie zu. Indem ich sie liebe und in mein Herz nehme, dürfen sie sein. Ich nehme sie an und überlasse es der Liebe in meinem Herzen, sie zu verwandeln. Durch das Hoppen im Wundertagebuch verbessere ich mein Grundgefühl und bringe mich selbst in eine weit bessere Ausgangssituation für mein morgen anstehendes Gespräch. Die Situation kann damit eine bessere Wendung nehmen.

Sicher hast du in deinem Leben auch schon oft gedacht, das klappt nie! Das kann ja gar nicht funktionieren! Nun gibt dir das Wundertagebuch die Möglichkeit in die Hand, mit einem völlig neuen Ansatz in solche Lebensumstände hineinzugehen. In den letzten Jahren habe ich viele Gelegenheiten genutzt, dies ganz praktisch anzuwenden.

Ich hatte mir ein neues Auto gewünscht und auch bekommen, war dabei aber innerlich ganz im Gefühl: »Das ist viel zu teuer. Noch nie habe ich mir ein neues Auto gekauft. Das kann ich mir doch gar nicht leisten!« Leider war mir dies im Moment des Kaufs nur ganz bedingt bewusst. Stattdessen übertünchte ich meine Zweifel durch den Glauben: »Jetzt habe ich zum ersten Mal in meinem Leben ein neues Auto! Ich sollte mich freuen und dankbar sein!« Und das tat ich dann auch und dachte, das sei so schon in Ordnung.

Leider erwies sich das als Trugschluss. Offensichtlich hatte ich mir ein sogenanntes »Montagsauto« an Land gezogen. (So nennt man Fahrzeuge, die laufend kaputt sind, da am Montag die Monteure in der Autofabrik noch in Gedanken im Wochenende verweilen und mehr schlecht als recht bei der Sache sind.) Zweimal ging die Windschutzscheibe kaputt, da sich ein Riss zeigte, zweimal ging das gelbe Warnlicht an, einmal drang Wasser in den Innenraum und so weiter. Wenigstens waren es alles Garantiefälle, und ich musste nichts zahlen. Aber immer wieder fuhr ich in die Werkstatt, und langsam fragte ich mich, wieso. Dann dämmerte es mir so langsam. Beim Kauf des Autos waren meine Gefühle sozusagen im Mangel gewesen, da ich mich arm fühlte beim Gedanken, so viel Geld für ein neues Auto auszugeben. Sicher war da auch Freude in mir über mein neues Gefährt, vor allem aber Zweifel, ob ich mir das wirklich leisten konnte. Mein Gefühl von Mangel hat dann aus meiner heutigen Sicht heraus bewirken müssen, auch ein mangelhaftes Auto zu bekommen. Denn Mangel zieht noch mehr Mangel an. Ich war in Resonanz mit Mangel und in der

kosmischen Lotterie suchte ich mir den passenden Autohändler (ein günstiger EU-Jahreswagen) mit dem zu meinem Gefühl passenden Fahrzeug aus.

Bei meinem heutigen aktuellen Wagen war ich darum sehr
sensibilisiert, als ich den Kauf vornahm. Wieder waren da Gefühle von Mangel und der Zweifel, ob ich wirklich so viel Geld
ausgeben soll. Ich machte also in der Zeit der Kaufentschei-
dung regelmäßig das Wundertagebuch und gewann dabei immer mehr Vertrauen, intuitiv das Richtige zu tun. Was soll ich
sagen, ich hatte noch nie ein Problem mit meinem neuen Auto,
und die Werkstatt besuche ich nur noch zur Inspektion.

Ehe du dich also über dein dauernd defektes Auto ärgerst,
so wie ich damals, denk doch einfach mal an den Satz: »Was
kann mein armes Auto denn dafür, dass es meiner inneren
Gefühlswelt entsprechen muss?« Ich selbst habe dieses Auto im
Gefühl von Mangel erworben, also wird es mir durch seine
dauernden Mängel auch meinen eigenen Mangel spiegeln
müssen. Schimpfe ich also auf meine Schrottkarre, dann gebe
ich doch nur meinen eigenen Mangel an das arme Auto weiter. Besser fahren und weniger kaputtgehen wird es dabei doch
sicher nicht, oder? Versuch es doch stattdessen mal mit dem
Satz: »Danke, liebes Auto, du fährst mich ganz oft tadellos
durch die Gegend. Ich liebe dich dafür, wie gut du mich trans-
portierst. Und wenn du mal kaputt bist, dann beginne ich einfach, den Teil in mir zu lieben, der in Resonanz mit einem
kaputten Auto ist. Ich liebe diesen Teil und bitte um Heilung.
Ich übernehme auch die Verantwortung für dich, mein ge-
liebtes Auto.«

Eine kleine Anekdote habe ich aber von meinem Montagsauto dann doch noch zu berichten. Eben habe ich etwas zu
großspurig beschrieben, dass alle Reparaturen damals auf

Garantie gingen. Nun, ganz so einfach war es dann doch nicht. Bei meinem ersten Sprung in der Windschutzscheibe hatte ich noch keine Erfahrung, welche Leistungen die Garantie übernehmen würde. Ich dachte also voller Pein: »Oh weh, jetzt habe ich ein neues Auto gekauft und darf gleich anschließend auch noch eine neue Scheibe plus Einbau bezahlen. Oh weh und ach! Das wird teuer!« Wieder zeigte sich, dass der Glaube Berge versetzt. Der Kfz-Meister zeigte sich entsprechend skeptisch und zweifelte an, ob dieser Schaden von ihm übernommen werden konnte. Ich solle morgen nochmals anrufen. Just in diesem Moment kam mir aber der Gedanke des Wundertagebuches, und ich sagte mir: »Manfred, alter Knabe, da hat dir deine Angst ja einen schönen Bock geschossen! Jetzt bleib mal locker und entspann dich erst einmal!« Ganz deutlich zeigte sich vor meinem geistigen Auge, wie meine Panikattacke nur zu noch mehr Drama führen würde. Ich nahm meine Verzweiflung und meine Sorge in mein Herz und sagte ihnen, alles würde gut werden, und die Reparatur würde sicher von der Werkstatt übernommen werden. Als ich so wohlgesonnen am nächsten Tag anrief, kam es auch so. Der Schaden war als Garantiefall eingestuft worden. Wieder ein kleines Wunder!

- Und so kannst du das Wundertagebuch am besten einsetzen. Nimm dir ein leeres Buch und schreibe am Abend dein »Drehbuch« für den nächsten Tag hinein. Plane und spüre voraus, was der nächste Tag an Gegebenheiten und Terminen mit sich bringen wird. »Schnüffle« dich durch den kommenden Tag und achte auf dein Gefühl. Wo du ein Problem erwartest und erfühlst, nimm es in dein Herz und sage ihm: »Auch du bist ein Teil von mir. Ich liebe dich, ich nehme dich an.« Das ist die fortgeschrittene Art, Schwierigkeiten von morgen sozusagen in vorauseilendem Gehorsam schon heute anzunehmen, zu lieben und dabei zu verwandeln. Wie bei meinem aktuellen Autokauf braucht das Problem dann gar nicht mehr aufzutreten, denn deine Resonanz in dir ist ja schon heute geheilt. Dem Problem wird damit der Boden entzogen.

Der Humus für die Probleme in meinem Leben sind meine Ängste, meine Zweifel und meine Sorgen. Jeder von uns kennt seinen »inneren Zweifler« sehr genau. Manche nennen ihn auch liebevoll ihren inneren Schweinehund. Wer sich mit dem Hoppen konkret auseinandersetzt, wird früher oder später Freundschaft mit dem inneren Schweinehund schließen. Denn – und wen wundert es – auch er ist ein Teil von uns. Auch er will nur geliebt und angenommen werden.

In der Jahresausbildung 2009 haben Bärbel und ich darum auch dieses Thema behandelt. Wir haben uns gefragt, was unser innerer Schweinehund benötigt, damit er für und nicht gegen uns arbeiten kann. Ein paar typische Antworten waren:

»Ich habe meinen inneren Schweinehund einfach zum Glücksschwein umfunktioniert. Das hat ihm sehr gefallen.«

»Mein innerer Schweinehund ist mein Freund, nicht mein Feind. Er möchte, dass ich mich gut um ihn kümmere, und wenn es ihm gut geht, geht es auch mir gut.«

»Mein innerer Schweinehund möchte einfach Haustier genannt werden.«

»Mein innerer Schweinehund und ich haben einen Deal gemacht. Wenn ich ihm Energie gebe, dann öffnet er die Grenzen so weit, dass ich vom Positiven profitiere und er mir das Negative vom Hals hält.«

Bärbels Antwort war auch sehr schön: »Immer wenn du alles im Herzen, im Hier und Jetzt lebst, existiert der innere Schweinehund gar nicht. Er ist das Gegengewicht zum Hier und Jetzt.«

Zum inneren Schweinehund gibt es eine kleine Geschichte.

Ein Indianer kam zu seinem Medizinmann und klagte: »In mir tobt ein innerer Kampf. Eine Seite in mir möchte besser sein als andere, sie ist stolz, sehnt sich nach Anerkennung und Bewunderung. Die andere Seite will helfen, betrachtet andere Menschen voller Mitgefühl und hat den Wert von Güte erkannt. Immer wieder pendle ich innerlich zwischen diesen beiden Seiten in mir. Kannst du mir helfen?« Der Medizinmann antwortete: »Diesen inneren Kampf kenne ich nur zu gut. Er tobt mir wie in allen Menschen. Beide Seiten gleichen zwei Wölfen, der eine ist gut, der andere ist böse. Dieser Kampf besteht seit Anbeginn der Zeit.« Der Indianer wollte nun wissen: »Und welcher Wolf gewinnt den Kampf?« Und der Medizinmann erwiderte: »Der, den ich füttere.«

Beim Wundertagebuch wird mir dieser Kampf besonders deutlich. Gefühle sind störrisch, sie sind wie ein Esel, der bockt und austritt. Das Hoppen von Gefühlen ist darum eine Art Rodeo. Es ähnelt dem Wettbewerb der Cowboys im Wilden Westen, möglichst lange auf dem Rücken eines Mustangs zu verbleiben, ohne abgeworfen zu werden. Unsere Gefühle sind genauso störrisch. Jemand hat mich verletzt, jemand hat mich ungerecht behandelt! Ich möchte ihm jetzt auch wehtun! Manchmal gewinnen solche Gefühle die Oberhand, und wir werden abgeworfen. Und schon steige ich wieder auf! Irgendwann, nach Monaten, ist der Mustang dann müde geworden. Er ist eingeritten und lässt sich den Sattel und das Zaumzeug ohne Murren auflegen und folgt nun den Anweisungen des Reiters.

Eine liebe Freundin, Ruth, hatte zu Weihnachten ihre ganze Familie zu Besuch. Alles war zum ersten Mal wirklich schön. Endlich keine ewigen Streitereien unter dem Tannenbaum mehr. Ruth war schon selig, wie gut alles diesmal funktioniert hatte. Doch ihre Mutter war im Gegensatz zu Ruth sehr unzufrieden mit dem Besuch und beschwerte sich beim Abschied über alles Mögliche. Ruth traten die Tränen in die Augen. Ihr Mustang bockte ganz gewaltig. Aber statt sich wie bisher üblich zu wehren und zu rechtfertigen, blieb sie diesmal einfach still und akzeptierte die Litanei. Als die Mutter weggefahren war, fühlte sie sofort in sich hinein und entdeckte eine Stimmung, die sie oft im Alter von fünf Jahren erlebt hatte. Sie fühlte sich angeklagt und wurde innerlich wütend. Als sie die Wut zuließ, kam dahinter die Angst zum Vorschein, nicht gut genug zu sein. Und hinter dieser Angst versteckte sich noch ein anderes Gefühl, nämlich völlig fremd in dieser Familie zu sein und überhaupt nicht dazuzugehören.

Ruth merkte, wie ihre Gefühle in Schichten übereinanderlagen, und sie kam sich vor wie ein Bergmann, der einen Stollen immer tiefer in den Berg hineintrieb. Um das Ursprungsgefühl der Außenseiterin bauten sich andere Gefühle auf und überlagerten sich immer mehr. Sie fühlte sich wie in einer Ausgrabungsstätte, wo unter jeder alten Gesteinsschicht eine noch ältere und ursprünglichere zutage trat. Wenn eines dieser Gefühle zugelassen wurde, war es, als sei eine Gesteinsschicht abgetragen worden. Das darunter liegende Gefühl trat zutage und konnte sich zeigen. Wurde auch dieses Gefühl erlebt und zugelassen, konnte es ebenfalls beiseitegeräumt werden, um tiefere Schichten an die Oberfläche zu holen. Gefühle heilen so. Wenn sie sein dürfen, lassen sie sich abtragen und beiseiteschieben und stehen uns dann nicht mehr länger im Weg.

Ruth hatte das Wundertagebuch in ihrer eigenen Art mit Leben gefüllt. Und sie berichtete mir später, dass ihr Verhältnis zu ihrer Mutter von diesem Zeitpunkt an wie verwandelt war. Sie fühlte sich einfach besser und viel weniger angegriffen von ihr.

Das Wundertagebuch hat seinen Namen genau genommen von einer seiner Varianten, die Bärbel gern und häufig praktizierte.

- Schreib die Ereignisse des Tages in dein Tagebuch, aber nicht exakt genau so, wie alles tatsächlich verlief. Sondern schreib den Tag so auf, wie er im besten Falle abgelaufen sein könnte. Gestalte dir rückblickend den optimalen Tag, so wie du ihn dir gewünscht hättest. Also anstatt zu schreiben, wie du dich heute beispielsweise mit einem Kollegen rumgeärgert hast, notiere dir, wie gut du dich mit diesem Kollegen verstehst und wie gern du mit ihm zusammenarbeitest. Merkst du, wie sich dein Gefühl verändert? Hast du festsitzende Gefühle gegenüber diesem Menschen, und es gelingt dir nicht beim ersten Mal, das Gefühl schon beim Schreiben aufzuheitern, dann kannst du es begleitend auch hoppen: »Ich liebe den Teil in mir, der ein Problem mit diesem Kollegen hat. Ich liebe mein Gefühl von Ablehnung. Ich liebe meinen Zorn.« Dieses Tagebuch kann dir auch helfen, deine Gefühle zu klären und zu heilen, und vielleicht wird sich schon morgen dein Verhältnis zu diesem Kollegen grundlegend verbessert haben. Wer weiß?

12

Licht braucht auch Schatten

Es ist ein großer Vorteil im Leben, die Fehler,
aus denen man lernen kann,
möglichst früh zu begehen. (Winston Churchill)

Unsere tiefsten Ängste sind Drachen vergleichbar,
die unsere tiefsten Schätze bewachen. (Rainer Maria Rilke)

Die Rolle der Gefühle ist auch beim Hoppen besonders wichtig und soll darum hier ein eigenes Kapitel erhalten. Denn ganz oft halte ich meine schlechten oder unangenehmen Gefühle für falsch. Bin ich ein Stück weit meinen Weg zur Selbsterkenntnis gegangen, dann betrachte ich ein schlechtes Gefühl vielleicht sogar als Fehler. Und ich werfe mir dann immer wieder vor, noch nicht so weit gekommen zu sein, wie ich wollte. Eigentlich gehe ich diesen Weg doch, um glücklich zu sein. Und immer wieder werfe ich mir selbst Stöcke zwischen die Beine.

Hoppen ist in diesem Zustand etwas Wunderbares. Sehr viele Menschen berichten mir, wie das Hoppen sie grundsätzlich zuversichtlicher ihrem Leben gegenüber werden lässt. Sie nehmen viele Dinge nicht mehr so schwer. Sie fühlen sich auch durchweg glücklicher. Denn das Hoppen gibt ihnen das Gefühl, etwas zum Positiven verändern zu können. Es schenkt ihnen den buchstäblichen Hebel, mit dem sie die Welt aus den Angeln heben können.

Dies betrifft auch mein tief sitzendes Gefühl, falsch zu sein, nicht richtig und voller Fehler zu stecken. Insgeheim hat doch jeder von uns solche Glaubenssätze, wenn wir einmal ehrlich sind. Natürlich steht es mir frei, diese Gefühle zu hoppen. Aber hier möchte ich gern eine Lanze dafür brechen, Fehler anzunehmen, wie sie sind. Auch Fehler sind wichtig. Sie sind mein Weg ins Richtige.

Denk daran, wie ein Kind laufen lernt. Es fällt ganz oft hin und tut sich auch meist weh dabei. Um zu erlernen, wie das Laufen richtig geht, braucht das Kind die Gelegenheit, es falsch zu machen. Und falsch machen bedeutet, zu erkennen, wie es richtig für uns wäre.

Und es gilt der Zaubersatz:

Das erste Mal – es muss falsch sein!

Woher sollst du auch wissen, wie es richtig ist, wenn du es noch niemals probiert hast? Um etwas Neues zu wagen, braucht es den Mut zum Fehler. Und dann, beim zweiten oder auch erst beim dritten Anlauf, hast du aus deinen Erfahrungen gelernt. Der Fehler schenkt dir die Erfahrung. Darum sagt der Volksmund: »Das erste Haus baust du für einen Feind, das zweite für einen Freund und das dritte für dich selbst.«

Und dieses Prinzip gilt für alles, was ich in meinem Leben beginne. Heute würde ich niemals wieder ein Buch so schreiben wie mein erstes. Denn aus der Erfahrung habe ich gelernt, es anders und besser zu machen, so wie es mir heute besser entspricht. Ebenso verhält es sich mit der ersten Beziehung, dem ersten Job und allem anderen. Beim zweiten Mal gehe ich – hoffentlich – auf einer ganz neuen Ebene in die neue Beziehung oder den zweiten Job hinein.

Ich lerne über mein Tun. Das sage ich auch oft Menschen, die sich selbstständig machen wollen oder die ihre Berufung entdecken möchten. Geh einen Schritt. Mach einen Schritt nach vorn. Probier es aus. Lebe es in deiner Freizeit, bevor du deine Stelle kündigst. Lerne zu laufen wie ein Kind, in einem sicheren Rahmen, wo du dich am Laufgitter noch festhalten kannst. Bleibst du nur in Gedanken und Wunschträumen hängen, dann schwelgst du nur in Vorstellungen, die keine Basis haben. Erst beim Ausprobieren wirst du es erleben. Etwas Neues zu wagen braucht darum die Zuversicht, es auch falsch machen zu dürfen, um es später richtig zu machen. Darin liegt auch ein Geheimnis von Glück und Erfolg. Darum sagte Churchill: »Erfolgreich sein bedeutet, von Misserfolg zu Misserfolg zu gehen, ohne dabei die gute Laune zu verlieren.«

Für mich ist das Überlegen, Zaudern und das Kopfzerbrechen auch eine Grundlage von Angst. Manchmal liegt die Lösung eines Problems einfach nur darin, anzufangen und ganz praktisch etwas zu tun. Denn wenn ich im Kopf die Dinge abwäge, komme ich aus meiner Vorstellung nicht heraus. Dann laufe ich im Kopf hinter meinem eigenen Schwanz her und drehe mich im Kreis. Meine Erfahrung ist, wenn ich erst einmal aktiv werde, kommt die Lösung meist von selbst. Jedes Phlegma hat in sich etwas Zermürbendes und Destruktives. Bin ich beschäftigt und im Tun, verfliegt die Angst ganz von selbst. Mein Denken ist dann einfach mit etwas anderem beschäftigt. Bin ich im Jetzt, dann habe ich keine Angst, sondern nur, wenn ich in Gedanken und Vorstellungen schwelge. Vielleicht habe ich oft einfach nur Angst, etwas falsch zu machen.

Im Fehler versteckt sich für mich überhaupt ein Weltprinzip. Der Fehler zeigt mir, dass irgendetwas fehlt. Nämlich das

Richtige! Wir kommen schon so auf die Welt, im sicheren Gefühl, dass etwas fehlt. Und wir suchen danach, nach diesem Fehlenden. Denn wir denken, wenn wir es erst gefunden haben, wird wieder alles richtig und gut sein. Zu Anfang dieses Buches habe ich das Bild des Tropfens für diesen Vorgang des Suchens verwendet. Im Verschmelzen, in der Annahme, finden wir, was wir suchen. Wir finden zu uns. Und der Weg dorthin geht über den Fehler.

Schauen wir doch mal in die Welt, die uns umgibt. Eines der wichtigsten Prinzipien der Weltwirtschaft lautet: »Das Angebot regelt die Nachfrage.« Fehlt eine bestimmte Ware ganz oder wird knapp, dann wird sie automatisch teurer. Denn immer mehr Menschen haben dann Bedarf nach ihr. Das Fehlen macht sie erst interessant. Viele Menschen sind plötzlich bereit, mehr dafür zu zahlen.

Ein ähnliches Prinzip kennt auch die Psychologie. Hier nennt man es das Gesetz des Mangels. Etwas, das nur wenig verfügbar ist oder das sogar völlig fehlt, wird viel mehr von uns wertgeschätzt. Ein Sprichwort sagt auch folgerichtig: »Willst du was gelten, mach dich selten.« Das soll andeuten, ein seltener Gast ist ein gern gesehener Gast.

Damit wir im Leben etwas wirklich wertschätzen können, muss es uns fehlen oder selten sein? Klingt auf den ersten Blick paradox. Aber erinnere dich, als du mal eine Zeitlang Single warst und alleine. Wie hast du dich nach einer neuen Partnerschaft gesehnt? Wie süß schmeckte nach der Entbehrung der erste Kuss? Vielleicht warst du einmal arbeitslos, wie dankbar warst du dann, an deinem ersten Arbeitstag für deine neue Arbeitsstelle?

Das erinnert mich an meine Fastenkuren. Wenn ich eine Woche lang nichts gegessen und nur Wasser getrunken habe, wie fantastisch schmeckt dann das erste kleine Stückchen Apfel, das ich esse! Grandios, eine wahre Geschmacksexplosion im Mund! Oder ein anderes Beispiel: Eine Zeitlang habe ich über viele Monate meinen Darmpilz ausgerottet und gänzlich auf Weißmehl und Zucker verzichtet. Als ich wieder normal gegessen habe, kamen mir plötzlich alle Lebensmittel unendlich süß vor!

Ein Mann aus meiner Männergruppe hat sich vor ein paar Jahren zehn Tage zu einem Dunkel-Retreat begeben. Dabei verbringt man zehn Tage in völliger Dunkelheit und beobachtet, wie sich die Wahrnehmung verändert. Das war eine der spannendsten Erfahrungen seines Lebens für ihn. Aber wie zauberhaft und bunt war plötzlich die Welt, als er wieder ans Tageslicht kam! Die Welt strahlte, und die Farben explodierten. Noch nie hatte er die Dinge mit solch einer Begeisterung betrachtet.

Erst wenn uns etwas fehlt, wissen wir es erst richtig zu schätzen. Der Sommer wird nie so dankbar erwartet wie nach einem harten und langen Winter. Und so können wir doch häufig erst im Nachhinein dankbar sein, wie schon Goethe wusste:

Erst die Erinn«rung wird uns offenbaren
die Gnade, die das Schicksal uns verlieh.
wir wissen stets nur, dass wir glücklich waren,
dass wir glücklich sind, wissen wir nie.

Darum verwundert es sicher nicht, wie viele Menschen es gibt, die unter schweren Umständen leben müssen und doch ein Leben in Dankbarkeit führen können. Sie haben viele kleine Dinge zu schätzen gelernt, weil ihnen so manches fehlt.

Prüfungen, Entbehrungen und Schwierigkeiten, die das Leben uns stellt, können darum den positiven Aspekt in sich tragen, an ihnen zu wachsen und mehr Dankbarkeit zu entwickeln. Plötzlich kann ich viel mehr ehren, was ich habe. Plötzlich kann ich es sehen und wertschätzen.

Wie kann ich lernen, Widrigkeiten in meinem Leben als Segnung zu interpretieren? Durch die Erfahrung von Mangel lernen wir die immer vorhandene Fülle erst richtig zu schätzen.

Menschen, die beispielsweise am 11. September im World Trade Center waren, zeigten eine ungeheure Dankbarkeit dafür, noch am Leben zu sein und den Anschlag überlebt zu haben. Personen mit neuromuskulären Erkrankungen, die oft chronisch verlaufen und zu Behinderungen führen, zeigen sich bei Befragungen besonders häufig dankbar für scheinbare Kleinigkeiten, die im Leben Gesunder ganz und gar übersehen werden. Erst die Dunkelheit lässt uns das Licht wirklich schätzen. Wäre das nicht ein Grund, auch dem Mangel und der Dunkelheit dankbar zu sein?

Vielleicht ist im Fühlen ein Grund zu finden, warum wir in unserem Leben voll von Überfluss verlernt haben, dankbar zu sein. Möglicherweise fühlen wir einfach nicht mehr genug. Es ist ein wenig so, wie immer Himbeereis mit Sahne zu essen. Wir wissen es nicht mehr richtig zu schätzen. Unsere Sensoren reagieren nicht mehr darauf, sie stumpfen ab. Vielleicht fehlt uns etwas, vielleicht gibt es den Mangel, auch weil unser Gefühl ihn als Gegengewicht braucht, die Fülle noch mehr spüren und wahrnehmen zu können.

Nun sind es aber besonders die negativen und unangenehmen Gefühle, die wir nicht gerne spüren wollen. Es ist eine besondere Herausforderung, auch diese Gefühle zu lieben.

Warum sollte ich das tun? Zunächst einmal ist es bei Gefühlen wie bei Licht und Schatten, sie sind polar aufgebaut.
Wie das Licht den Schatten hat, so hat auch jedes Gefühl ein
Gegenteil. Das eine fühlt sich gut an, das andere schlecht. Etwas ist angenehm, etwas anderes unangenehm. Auch Gefühle
sind Teil unserer Dualität. Sie treten wie alle Gegensätze nur
als Doppelpack auf. Wenn ich Angst ablehne und keine Angst
haben möchte, lehne ich darum gleich ihr Gegenteil mit ab.
Das wäre Zuversicht, Vertrauen oder Mut. Um wirklich mutig
sein zu können, muss ich die Angst integrieren. Ja, es ist sogar
noch krasser – wenn ich die Angst ablehne, dann läuft sie mir
regelrecht nach. Sie schaut mich aus jeder Ecke an. Erinnere
dich, nichts im Leben geben wir so viel Energie wie dem, was
wir ablehnen!

Auch Angst ist ein Teil von mir. Auch Angst ist Bestandteil
meines Lebens. Umarme deine Angst! Fühle sie ganz. Ein Gefühl abzulehnen, ja verdrängen zu wollen, macht unglücklich.
Ein Gefühl zu spüren, es anzunehmen, macht glücklich. Denn
dann wird das Gefühl verwandelt und sein Gegenteil erst wirklich wertgeschätzt. Oft wird beim Verdrängen von unangenehmen Gefühlen leider auch das Fühlen an sich abgestellt. Ich
fühle dann sicherheitshalber erst einmal gar nichts mehr. Eine
verdrängte Angst kann mich darum meine Lebendigkeit und
Lebensfreude kosten. Nimm stattdessen deine Angst ganz an.
Nimm sie in dein Herz und schenk ihr deine Liebe!

Auf den ersten Blick mag das unglaublich klingen. Ich gebe
dir mal ein Beispiel. Ein befreundeter Arzt war als Kind extrem
ängstlich. Besondere Panik bereiteten ihm Höhen. Heute ist
er begeisterter Flieger und flog bei der Bundeswehr sogar im
Starfighter. Wie hat er das geschafft? Als Jugendlicher war er
Leistungsturner. Er hatte einen Trainer, der sofort die Angst

des Jungen erkannte, am Reck oder an den Ringen zu üben. Also forderte er ihn auf: »Wirf dein Herz über die Stange! Und folge ihm einfach.« Für meinen Freund war dies ein Schlüsselerlebnis. Er wollte so gern Turner werden und war in den Folgejahren auch sehr erfolgreich. Zuerst stand vor dem Triumph aber seine Höhenangst. Er stellte sich seiner Angst, ließ sie tapfer zu, indem er bei jedem Üben am Reck zuerst sein Herz über die Stange warf. Auf seine spezielle Weise nahm er dabei seine Angst ganz an. Und er schaffte es wirklich, sie so zu überwinden und den Schatz in ihr zu finden, so wie Rilke meinte: »Unsere tiefsten Ängste sind Drachen vergleichbar, die unsere tiefsten Schätze bewachen.« Hinter deiner Angst schlummert dein wahres Potenzial.

Übung

 Was sind deine Ängste? Schreib sie dir auf. Und frage dich, wenn diese Angst ein Tier wäre, welches Tier wäre es? Schau dir dieses Tier an. Von allen Seiten. Dann frage dich weiter, was dieses Tier am meisten braucht? Stell dir vor, wie du dieses Tier auf den Arm nimmst. Du kannst es füttern, bürsten oder einfach nur streicheln. Freunde dich an mit deiner Angst, sie wird es dir danken!

Auf unserer Montessori-Schule machen alle Schüler ab der Jahrgangsstufe fünf wochenlange Praktika in kleinen Firmen. Das soll sie auf das wahre Leben vorbereiten. Eine recht stark pubertierende Tochter einer guten Freundin von uns hatte so gar keinen Bock auf die »doofe Schule«. Während ihres ersten Praktikums hatte sie aber die Erfahrung ihres Lebens: »Was?

Das bedeutet es zu arbeiten? Früh aufstehen? Hände schmutzig machen? Richtig hart anpacken? Nein, dann doch lieber Schule!« Und sie beschloss fortan, richtig zu lernen und ihr Abitur zu machen. So hat es doch oft auch sein Gutes, die Gegenteile erleben zu dürfen. Die Mutter jedenfalls fand diese unliebsame Erfahrung ihrer Tochter sehr nützlich.

Wenn ich ein Gefühl wirklich annehme und aufhöre, es zu verdrängen, dann darf es sein. Auch dieses Gefühl ist ein Teil von mir. Danke, dass ich fühlen darf. Dann geschieht etwas Mystisches, das Gefühl verändert sich, der Schmerz verwandelt sich langsam, Tag für Tag und immer öfter fühle ich mich besser und schließlich richtig gut. Das Gefühl konnte sich verwandeln, weil es angenommen wurde. Ich könnte also sagen: »Danke, unangenehmes Gefühl, dass du dich gezeigt hast. Nur so habe ich dich verwandeln können.«

TEIL 3
NEUE TECHNIKEN
DES HOPPENS

13

Hoppen mit Liebe

Anfangs glaubte ich, bekehren zu müssen.
Inzwischen habe ich gelernt,
dass es meine Aufgabe ist, zu lieben.
Und die Liebe bekehrt, wen sie will. (Mutter Teresa)

Sich selbst zu lieben ist der Beginn
einer lebenslangen Romanze. (Oscar Wilde)

Schon bei den ersten Seminaren, die Bärbel und ich zum Hoppen gegeben haben, veränderte sich diese neue Technik weiter. In den fünf Jahren, die seit dem Erscheinen des ersten Hoppen-Buches verstrichen sind, haben wir auch die Teilnehmer immer wieder dazu angeregt, ihre eigene Form des Hoppens für sich zu entwickeln. So, wie es eine Bärbel- und eine Manfred-Technik gibt, haben auch einige unserer Freunde und Bekannten ihre spezielle Art gefunden. Ein paar davon möchte ich dir hier vorstellen. Und so bist auch du eingeladen, dir hier deine für dich bestimmte Variante herauszugreifen oder auch eine ganz dir entsprechende zu finden.

Für uns rückte bereits nach kurzer Zeit die Rolle des Herzens und der Liebe immer mehr in den Mittelpunkt. Statt zur Klärung und Heilung eines Themas wie beim Ho'oponopono die vier Sätze zu sagen, gingen wir schon bald dazu über, nur noch zu sagen: »Ich liebe den Teil in mir, der mit diesem Problem im Zusammenhang steht. Ich liebe den Teil in mir, der eine Resonanz hat mit meinem Problem.« Dazu aktiviere ich vor allem mein Herzzentrum und wecke die Liebe dabei auf. Liebe ist der eigentliche Oberbegriff der anderen drei Kräfte Verzeihen, Vergeben und Dankbarkeit. In den folgenden Meditationen gebe ich dir ein paar Möglichkeiten, dich mit deiner Liebe zu verbinden. Beginne bei der Übung eins und wiederhole sie einige Tage. Wenn du das Gefühl hast, es ist so weit, nimm Übung zwei und später auch Übung drei hinzu. Sammle deine eigenen Erfahrungen mit diesen Meditationen. Natürlich darfst du auch gern andere Techniken verwenden, die dir selbst gut gefallen.

Übung eins
Kontakt zum Herzen

 Zuerst lege eine oder beide Hände auf die Mitte der Brust. Du kannst sie auch auf dein Herz legen. Schließe dazu deine Augen und nimm eine meditative Haltung ein. Was spürst du? Ganz einfach, es wird warm an deiner Hand und deiner Brust. Dann merkst du, wie du atmest, und unwillkürlich atmest du tiefer ein und aus. Schließlich spürst du vielleicht sogar deinen Pulsschlag. Dein Kontakt zum Herzen ist aufgebaut. Nun sprich zu deinem Herzen. Sag ihm: »Hallo. Danke, dass es dich gibt.« Sprich zu dir selbst die Affirmation: »Ich verbinde mich ganz mit meinem Herzen!«

Übung zwei
Ich entzünde das Licht meiner Liebe

 Das Herz ist der Ort unserer Liebe. Als den nächsten Schritt stell dir vor, dass diese Liebe in deinem Herzen wohnt und gern möchte, dass du sie aktivierst. Sprich innerlich den Satz: »Ich entzünde das Licht meiner Liebe in meinem Herzen.« Nimm wahr, was geschieht. Als Erstes entsteht vielleicht irgendwo in einer Ecke deines Herzens ein Glitzern oder ein Schimmern. Geh diesem Licht nach und stell dir vor, es würde sich durch deine Aufmerksamkeit immer mehr entzünden und größer werden. Bald ist dein ganzes Herz vom Schimmer deiner Liebe erfüllt. Wie geht es dir dabei? Wie fühlt sich das an?

Übung drei
Der Atem der Liebe

 Nun stell dir vor, dein Herz wäre eine Art Blasebalg. Du kannst ihn sachte aufweiten beim Einatmen und wieder kleiner werden lassen beim Ausatmen. Stell dir dabei vor, der Atem fließt beim Einatmen auch in dein Herz. In deinem Herzen siehst du deine Liebe wie einen Glanz, ein Leuchten oder ein Strahlen. Stell dir vor, wie sich dieses Leuchten auch auf deinen Atem setzt und ihn anreichert mit deiner Liebe. Atme dann diesen leuchtenden Atem aus deinem

Herzen und hülle dich mit ihm ein. Mit jedem Atemzug mehr und mehr. Mach das Leuchten größer und stärker: »Ich umhülle mich mit dem Atem meiner Liebe.« Wie geht es dir, eingehüllt in deine Liebe?

Die Liebe in deinem Herzen kann auf diese Weise aktiviert werden. Du kennst deinen Atem nun als Transportmittel, um die Liebe fließen zu lassen. In der folgenden Übung stelle ich dir das Hoppen vor, wie ich es heute praktiziere.

Übung vier
Hoppen mit der Kraft der Liebe

 Als Beginn geh zuerst die Übungen eins bis drei durch, bis du das Gefühl hast, in deinem Herzen angekommen zu sein. Du wirst merken, je öfter du den Kontakt zu deinem Herzen pflegst, umso rascher bist du in der Lage, mit ihm erneut in Verbindung zu treten.

Nun suche dir ein Problem aus, das du gern hoppen würdest. Geh ganz in Verbindung zu deinem Herzen und sag dir innerlich die Sätze: »Was auch immer dieses Problem in meinem Leben verursacht haben mag, es muss mit mir zu tun haben. Ich lade jetzt den Teil in mir, der mit diesem Problem zu tun hat, in mein Herz ein. Dort umhülle ich diesen Teil mit dem Atem meiner Liebe. Ich stelle mir vor, wie dieser Atem als eine Art Band von Licht und Liebe sich um den Teil wickelt, der mit meinem Problem zu tun hat. Es entsteht ein Kokon, so wie eine

Raupe, die sich verpuppt. Ich schenke dem Teil in mir meine ganze Liebe, damit aus diesem Kokon ein Schmetterling werden kann. Die Liebe vermag es, diesen Teil zu verwandeln.«

Unterstützend kannst du dir auch eine Begebenheit in deinem Leben suchen, in der du ganz in Liebe warst. Vielleicht denkst du dabei an die erste große Liebe, deine Hochzeit oder einen anderen besonders schönen Moment. Lade den Kokon in deinem Herzen mit der Energie von diesem Bild auf, indem du dir vorstellst, die Liebe dieser Situation geht ganz zu dem inneren Teil von dir über, der mit diesem Problem in deinem Leben in Verbindung steht.

Diese Meditationen haben eine sehr große Kraft. Lass dir ein Beispiel geben. Bärbel und ich haben oft in unseren Seminaren ein Heilungsritual durchgeführt, bei dem zwei Menschen ihre Herzen tauschen und dann gegenseitig in Liebe tauchen. In ganz ähnlicher Weise wie hier beim Hoppen mit der Kraft der Liebe wird dem Herzen des anderen dabei Liebe geschenkt.

Ein Ehepaar, das häufiger bei uns zu Gast im Seminar war, berichtete uns lächelnd, sie seien ein paar Tage nach dem Seminar wandern gewesen und gingen auf einen hohen Berg. Beide waren sehr verwundert, denn der Mann ist sehr sportlich und läuft die Berge normalerweise geradezu hinauf. Die Frau dagegen eher nicht. Diesmal japste und schnaufte der Mann doch sehr beim Aufstieg, während seine Frau leichtfüßig wie eine Gämse lange vor ihm die Höhe erreichte. Sie fragten sich, wie das geschehen konnte. Da dämmerte es ihnen. Beim Heilritual der Herzen hatten sie einfach das Herz des anderen energetisch behalten. Nun spürten sie, welche Kraft in dieser Übung steckt. Sie entschlossen sich aber, den Tausch beizubehalten, damit die Frau auch weiter in den Genuss des sportlichen Herzens kam. Der Mann trainierte einfach weiter und schon bald war er wieder ebenso fit wie vorher.

Wie groß die Kraft der Liebe tatsächlich ist, demonstriert Masuro Emoto schon seit vielen Jahren mit seinen Wasserkristallen. Er klebt zum Beispiel das Wort Liebe auf die eine Wasserampulle und das Wort Hass auf eine zweite. Im Anschluss friert er Tropfen der beiden Proben ein und betrachtet die entstehenden Kristalle. Sehr eindrucksvoll zeigt sich, wie das Wasser beim Wort Liebe sehr viel schönere und ausgeprägtere Kristalle bildet. Offensichtlich ist Wasser in der Lage, die Information eines Wortes, sei es nun gesprochen oder aufgeklebt, aufzunehmen. Er konnte zeigen, dass die Worte Liebe und Dankbarkeit die schönsten und größten Kristalle beim Wasser entstehen lassen. Offensichtlich haben diese Qualitäten die größte Kraft.

Übung fünf
Reis lieben

 Emoto schlägt auch ein sehr praktisches Experiment vor, mit dem du dich zu Hause in deiner Küche selbst von der Kraft der Liebe überzeugen kannst. Koch einfach eine kleine Menge Reis gar und teile sie in zwei Hälften. Fülle beide Hälften in zwei verschließbare Gläser. Auf die eine Hälfte schreibst du »Liebe«, auf das zweite Glas »Hass«. Nun lass die bei-

den Proben einige Tage stehen und beobachte sie. Unterstützend kannst du jedes Mal beim Anschauen dem einen Glas sagen: »Du bist toll. Ich mag dich!«, und dem zweiten Glas: »Du Blödmann.« Schon nach wenigen Tagen wird der gehasste Reis schwarz und schimmelig, der geliebte Reis dagegen wird nur trocken, und man könnte ihn auch nach einigen Tagen noch essen.

Mir erklärt Emoto mit dieser Übung ganz schlicht auch die Fähigkeit vieler Menschen, gut mit Pflanzen umgehen zu können. Wir nennen dies den grünen Daumen. Viele reden ja sogar mit ihren Pflanzen und schenken ihnen dadurch Liebe und Aufmerksamkeit. Auch Pflanzen spüren offensichtlich, mit welcher Gesinnung ein Mensch sich ihnen nähert. Darum bist du eingeladen, deinen Zimmerpflanzen beim Gießen immer etwas vorzusingen, mit ihnen zu sprechen oder sogar ganz bewusst Liebe zu senden. Das funktioniert wirklich! In unserem Vorgarten hatte ein großer Busch vor ein paar Jahren im Winter zu viel Frost abbekommen. Er bekam danach viele braune Blätter, und einen Frühling lang sah es so aus, als würde er eingehen. Also bedachte ich ihn bei meiner Morgenmeditation immer ein wenig, betete für ihn und schickte ihm auch in Gedanken meine Liebe. Der Strauch fand das prima, und heute geht es ihm wieder prächtig. Und ich habe ihn weder gedüngt noch gegossen. Ich habe ihn nur ein wenig geliebt.

Natürlich spüren auch wir Menschen, ob ein anderer Mensch uns in Liebe oder Abneigung entgegentritt. Wir haben alle diesen siebten Sinn. Meine Kinder sind darum auch von vielen Besuchern in unserem Haus sehr begeistert und laufen schreiend auf sie zu. Denn sie spüren die Sympathie, die ihnen entgegenschlägt. Menschen, die in der Liebe sind, bekommen darum auch viel Liebe zurück.

Abschließend möchte ich dir noch eine Übung anbieten, mit der du dich selbst lieben kannst – so wie du bist. Dabei wirst du eingeladen, dich ganz anzunehmen, mit allen Gefühlen, die du hast. Immer wenn du ein schmerzliches oder unangenehmes Gefühl in dir findest, kannst du es auf diese Weise mit dem Besten versorgen, was dir zur Verfügung steht: der Liebe. In dieser Variante verwenden wir dazu die göttliche Liebe des Heiligen Vaters und der Mutter Erde.

Übung sechs
Gefühle mit Liebe hoppen

 Zunächst verbinde dich durch die Übungen eins bis drei wieder mit deinem Herzen. Als Problem wähle dir ein Gefühl, das dich gerade belastet. Du kannst dazu jedes Gefühl auswählen, deine Unzufriedenheit, deine Ungeduld, dein Alleinsein oder einfach nur deinen Schmerz. Lade wie bei Übung vier beschrieben dein Gefühl von dir ein in dein Herz, auch dein Gefühl ist ein Teil von dir.

Nun verbinde dich über dein Herz mit der Göttlichen Gnade und schenke diesem Gefühl in dir ihre Liebe. Sage dir die Worte: »Ich gebe allem, was ich falsch und ungerecht finde, die Liebe meiner himmlischen Eltern. Und ich gebe meinem Gefühl UNSERE Liebe (damit ist die Liebe des Heiligen Vaters gemeint, die Liebe der großen

Mutter und deine eigene einzigartige Liebe). Ich gebe diese Liebe allem, was nicht richtig an mir ist. Dem Gefühl der Ausgeschlossenheit gebe ich meine Liebe, dem Gefühl der Unerfülltheit, dem Gefühl der Verlorenheit gebe ich meine Liebe.« Suche in dir dein Gefühl und stell dir vor, wie die göttliche Liebe in deinem Herzen zu diesem Teil in dir fließt und es dabei heilt.

Übung sieben
Organe lieben

Als weitere Art kannst du so auch deine Organe lieben: »Ich gebe die Liebe auch einem Organ, das ein bisschen schwächelt. Ich gebe meiner Niere meine Liebe, meinen Nerven, meinen Drüsen. All meinen Organen gebe ich meine Liebe!« Unterstützend kannst du auch deine Organe anlächeln. Geh einfach deinen Körper durch und nimm jedes Organ in dein Herz. Jedes Mal, wenn du einem Körperteil Liebe sendest, kannst du es auch begleitend dazu herzlich anlächeln. Sag auch diesem Teil deines Körpers Danke, dass es ihn gibt und dass er so fleißig Tag für Tag für dich da ist.

14

Dein Herz befragen

Schön ist eigentlich alles, was man mit Liebe
betrachtet. (Christian Morgenstern)

Hinter dem Denken von Falsch und Richtig liegt
ein Garten. Dort werden wir uns treffen. (Rumi)

Das Herz hat auch bei Bärbels doppelter Verständnistechnik in den letzten Jahren eine weit stärkere Rolle bekommen. Erinnerst du dich? Ich frage mich dabei etwa: »Wenn ich dieser Mensch wäre, warum würde ich mich so verhalten?« Oder: »Warum ziehe ich mir diese Situation in mein Leben?« Die Antworten auf diese Fragen sind meist sehr spannend, besonders wenn man sie in einer kleinen Gruppe von Menschen stellt. Zwei sehen bekanntlich mehr als einer. Und wenn ich meine Frage von zehn oder mehr Menschen gehoppt bekomme, kann ich mir die für mich am besten stimmige Antwort heraussuchen. Lustigerweise sagen die Teilnehmer dann oft, dass auf eine gewisse Art alle Antworten richtig sind. Jede Antwort klärt dann vielleicht nur einen bestimmten Aspekt der Fragestellung.

Weil ich in meinem normalen Alltagsmodus zumeist die Fragen aus dem Verstand betrachte, sind auch die Antworten der doppelten Verständnistechnik zunächst recht rational. Das änderte sich aber, als wir uns eine neue Variante ausdachten. Von nun an richteten wir die Aufmerksamkeit ganz auf unser

Herz und fragten dort nach, wie seine Antwort aussehen würde. Zumeist finden sich dann neue Sichtweisen, auf die unser Verstand gar nicht gekommen wäre. Meine Erfahrung ist, dass das Herz auch der Verständnistechnik eine ganz andere Tiefe schenkt. Es kommen dann noch mehr neue und unerwartete Rückmeldungen aus dem Zuhörerkreis.

Übung acht
Das Herz fragen

 Zuerst nimm wieder engen Kontakt zu deinem Herzen auf. Zur Kontaktaufnahme mit dem Herzen dienen die im letzten Kapitel beschriebenen Übungen eins bis drei.

Nun braucht es eine innere Stille, damit du die Antwort deines Herzens auch hören kannst. Unser Verstand und unser Alltagsbewusstsein sind so laut, dass wir die leise Stimme unseres Herzens zumeist gar nicht hören können. So wie in einer Disco, wo ich vor lauter Lärm mein eigenes Wort nicht mehr hören kann. Um in die Stille zu gelangen, stell dir vor, du blickst auf einen spiegelglatten See, in dem sich das Sonnenlicht spiegelt. Betrachte genau den gleißend hellen Punkt der Sonne auf der Wasseroberfläche. Siehst du, wie sich kleine Wellen darüber hinwegbewegen? Betrachte einen kleinen Moment diesen See mit der Spiegelung und verschmelze mit dem Glitzern und Schimmern der Sonne. Verbinde dich beim Anschauen dieses Bildes ganz mit deinem Herzen. Und sage dir innerlich: »Ich verbinde mich mit meiner Stille.«

Wenn du das Gefühl hast, du bist in dieser inneren Stille angelangt, dann frage in diesen Raum hinein dein Herz nach der doppelten Verständnistechnik: »Wenn ich dieser Mensch wäre, warum hätte ich mich so verhalten?« Oder: »Warum ziehe ich mir diese Situation in mein Leben?« Und dann bleib ganz still und lausche auf eine Antwort des Herzens. Mach dich innerlich ganz leer und lass die Antwort aufsteigen wie eine Luftblase, die vom Grunde des Sees an die Oberfläche nach oben steigt. Bleib innerlich gelassen und warte gespannt, welche Antwort sich zeigt. Oft bin ich selbst überrascht, welche Rückmeldung von meinem Herzen kommt. Es ist eine wunderbare Art zu lernen, mich mit mir selbst zu unterhalten. Meine Seele singt dabei vor Freude.

Es ist sicherlich hilfreich bei dieser Variante, bereits ein wenig Erfahrung mit Meditation und Entspannungstechniken gesammelt zu haben. Meiner Erfahrung nach ist der Kontakt zum Herzen aber auch ohne Vorkenntnisse sehr gut möglich. Bei unseren Seminaren haben wir mit Gruppen bis zu 450 Personen gehoppt, und sehr viele Menschen haben uns berichtet, Antworten des Herzens erfahren zu haben. Das größte Hindernis, um wirklich das Herz zu hören, besteht aber im inneren Zweifel: »Alle hören sicher wieder was. Nur ich nicht. Bei mir funktioniert das bestimmt nicht. Ich kann das nicht!« Kennst du auch diesen inneren Zweifler? Wie schon gesagt, ist hier auch das Hoppen eine sehr gute Möglichkeit, dieses Problem zu lösen: »Ich liebe meinen Zweifel. Ich nehme meinen Zweifel in mein Herz. Ich umhülle mein Gefühl von Zweifel mit meiner ganzen Liebe. Auch mein Zweifel ist ein Teil von mir. Ich liebe ihn und ich nehme ihn ganz an.«

Im Laufe der Zeit haben wir für die doppelte Verständnistechnik eine ganze Reihe von Fragen entdeckt, die sehr hilfreich in vielen Lebenslagen sein können. Einige davon möchte
ich dir hier näher vorstellen. Ganz vorne mit dabei sind Fragen,
die das Bestellen betreffen. Ich kann zum Beispiel nach meinem größten Herzenswunsch fragen: »Mein Herz, was ist dein
größter Wunsch?«

Übung neun
Der Wunsch deines Herzens

 Verbinde dich wie bei Übung acht mit dei-
nem Herzen und geh in deine Stille. Bist du
ganz versunken im Betrachten des spiegelglatten Sees, dann frage dein Herz: »Was ist dein größter
Wunsch?« Warte wieder eine Zeit, bis die Antwort nach
oben steigt und du sie hören oder fühlen kannst. Ganz
oft ist die Antwort eine Erinnerung, ein Bild, ein Mensch
oder auch nur ein Gefühl. Gerade bei dieser Frage nach
dem Herzenswunsch solltest du keinen Roman erwarten.
Hörst oder spürst du ein Wort, dann ist es schon viel. Ich
bitte dich, schreib dir deine Antwort auf und geh ihr nach.
Folge dem Wunsch deines Herzens. Und vielleicht hast
du ja Freude, immer wieder dein Herz zu fragen: »Mein
Herz, was möchtest du denn?«

Gerade zum Bestellen bietet sich die Frage an dein Herz an.
Denn das Bestellen liegt weit außerhalb meines Verstandes und
benötigt einfach eine andere Ebene, um es zu betrachten. Eine
schöne Frage ist zum Beispiel: »Warum wurde diese Bestellung

noch nicht erfüllt?« Oder: »Was braucht mein Wunsch noch von mir, damit er mir erfüllt werden kann?« Sicher erhältst du bei der Frage an dein Herz wichtige Anhaltspunkte für eine Lösung. Immer kann ich dann auch den inneren Zweifel und den Verhinderer in mein Herz nehmen, der mir noch im Weg steht, damit meine Bestellung geliefert werden kann.

Erscheint dir der Zugang zu deinem Herzen schwierig, kann die Frage helfen: »Was hindert mich, in die Stille zu kommen?« Schreib deine Antwort einfach auf oder sprich sie laut aus. Oft reicht dies aus, um eine innere Abwehr gegen die innere Stille zu überwinden. Wieder kannst du auch hoppen: »Ich liebe den Teil in mir, der verhindert, dass ich Zugang zu meiner Stille und meinem Herzen finden kann.«

Für so manches Problem im zwischenmenschlichen Bereich hat sich die Frage bewährt: »Was hat der, was ich nicht habe? Warum lehne ich diesen Menschen ab? Was soll mir die Thematik mit diesem Menschen zeigen? Was habe ich an diesem Menschen zu lernen? Welche Möglichkeit, eine neue Fähigkeit zu entwickeln, soll mir dieser Mensch schenken?« So habe ich im Laufe der Zeit immer wieder die Herausforderungen, die mir ein anderer Mensch schenkt, in die Kultivierung einer neuen Fähigkeit verwandeln können. Ein schwieriger Chef lehrt dich vielleicht mehr Demut, ein unangenehmer Nachbar Selbstlosigkeit oder ein aufdringlicher Kollege die Fähigkeit, dich mehr abzugrenzen. Welche Art in dir möchten deine Entwicklungshelfer in dir anregen, damit du sie mehr zeigen kannst?

Viele Menschen haben heute ja einen sehr guten Zugang zu Engeln, und viele arbeiten auch mit ihnen. So ist eine weitere Möglichkeit, mit dem Herzen zu arbeiten, die Frage: »Welchen Engel soll ich einladen, um dieses Problem in meinem Leben zu bewältigen?« Lade den Engel tief aus deinem Herzen ein und bitte ihn um seine Hilfe. Sage zum Beispiel: »Ich verbinde mich innerlich ganz mit dem Engel Gabriel. Ich lade ihn ein in mein Herz. Ich bitte Gabriel, dort den Teil in mir zu verwandeln, der mit dem Problem in meiner äußeren Welt in Resonanz steht.«

In ähnlicher Weise kannst du auch Heilige wie Jesus oder Maria bitten, sich deines Problems in dir anzunehmen. Bei der Maria-Technik könntest du zum Beispiel sagen: »Ich bete zur Jungfrau Maria. Bitte, Maria, erbarme dich meines Problems. Ich lade dich ein in mein Herz, damit du den Teil in mir heilen kannst, der mit diesem Problem in Verbindung steht.« Vielleicht zeigt sich hier ein verletzter kindlicher Anteil in dir, denn Maria hat einen besonders guten Zugang zu den Teilen in uns, die unseren inneren Kindern entsprechen.

Am spannendsten finde ich aber die Art, in das Problem selbst hineinzuschlüpfen. Für den Verstand ist das oft unmöglich, dem Herzen dagegen sind auch solche Fragestellungen gerade recht.

Statt also zu fragen: »Wenn ich dieser Mensch wäre …«, kann ich stattdessen auch fragen: »Wenn ich dieses Haus wäre, warum würde ich mich standhaft weigern, verkauft zu werden?«

»Wenn ich dieses Auto wäre, warum ginge ich dauernd kaputt?«

»Wenn ich mein Seelenpartner wäre, warum käme ich nicht zu mir?«

»Wenn ich diese Krankheit wäre, warum ginge ich gerade zu diesem Menschen?«

»Wenn ich diese Firma wäre, warum blieben mir meine Aufträge aus?«

Besonders für Firmen hat sich das Hoppen sehr bewährt. Ich habe nun schon eine ganze Reihe von Firmen beraten dürfen, und das Hoppen zeigte sich als fundamental anders als andere Beratungstechniken. Meist reicht schon eine oder wenige Beratung, und eine Firma oder eine Abteilung hat die Technik erlernt. Dann bilden sich auf freiwilliger Basis eigene Übungsgruppen. Es besteht dann keine Abhängigkeit von einem Berater, der häufiger in die Firma kommen muss. Ist das Hoppen erst einmal verstanden, steht es jedem frei, selbst damit zu arbeiten.

Immer wieder bringe ich die Menschen bei meinen Workshops und Vorträgen in den Kontakt zu ihrem Herzen und stelle ihnen Möglichkeiten vor, ihm Fragen zu stellen. Immer frage ich dann am Ende: »Wie fühlt sich das an?« Schon nach kurzer Zeit stellt sich bei sehr vielen Teilnehmern ein wohliges Gefühl ein. Manche beschreiben es mit Frieden, Geborgenheit, Wärme oder Glück.

Im Herzen ist alles gut. Hier ist alles richtig. Es ist der Ort, an dem du dich immer wohlfühlst. Es ist wie ein Zimmer in deinem Haus, das du immer besuchen kannst. Alles, was du tun musst, ist, die Tür zu öffnen.

Beispiel: Pauls Freundin gehoppt

Stellvertretend für viele andere Hoppings, bei denen wir das Herz nach einer Antwort befragten, möchte ich von einem berichten, bei dem unser Au-pair Paul mitgemacht hat. Paul ist aus Ecuador und fand das Hoppen von Anfang an besonders spannend. Ich glaube, seine südamerikanische Herkunft hat ihm einen besonderen Zugang zu seiner Emotion und seinem Herzen geschenkt.

In seinem Sprachkurs lernte Paul ein Mädchen namens Sandrina kennen. Sie war damals 18 und wie er aus Ecuador. Die beiden hatten sogar gemeinsame Bekannte, weil sie in Ecuador auf die gleiche Schule gegangen waren. Sie war damals nah daran, drogensüchtig zu werden, und Paul wollte ihr helfen. Er bat uns deshalb, sie und dieses Thema zu hoppen, was wir auch taten.

Paul war danach ein halbes Jahr im Ausland, bis er wieder zum Studium nach Deutschland zurückkam. Er besuchte uns und erzählte frei von der Leber weg: »Ja, und ich hatte euch damals von Sabrina erzählt, und natürlich hat sie dann mit den Drogen aufgehört. Wir hatten sie ja gehoppt.« Für ihn war das sonnenklar. Nun gab es aber ein neues Thema. Sandrina musste nun zurück nach Ecuador und hatte Angst vor ihrer Mutter, weil diese sie in Therapie und ins Internat stecken wollte. Denn ihre Mutter glaubte ihr nicht, dass sie schon seit einem halben Jahr keine Drogen mehr genommen hatte.

Paul hatte ihr erzählt, dass wir sie gehoppt hätten und genau seitdem würde sie keine Drogen mehr nehmen. Sie schien das gar nicht seltsam zu finden, sondern bat uns stattdessen, mit ihr gemeinsam ihre Mutter hoppen zu dürfen. Sandrina empfindet die Kontrolle ihrer Mutter als so stark, dass sie das Gefühl hat, nie frei zu sein und noch nicht einmal frei denken zu können.

Wir haben uns also vorgestellt, wir wären die Mutter und würden ständig und mehrmals am Tag hinter unserer Tochter hertelefonieren und sie nicht loslassen. Wir fragten uns dann im Herzen und im Gefühl (während des inneren Bildes, dass wir selbst so handeln würden wie die Mutter): »Was wäre unser Grund, so zu handeln? Warum würde ich so handeln, wenn

ich es selbst wäre, die so reagiert? Was wäre mein ganz persön-
licher Grund?«

Hier die Antworten, die wir jeweils in uns fanden:

»Wenn ich die Mutter wäre, wäre ich total panisch und ver-
zweifelt vor Sorge. Die Panik wäre so stark, dass ich nichts
hören, nichts verstehen und überhaupt nicht zuhören könnte.
Mir ist sogar klar, dass meine Tochter zum Teil vielleicht sogar
in die Drogenwelt flieht, um meine panische Sorge und mein
Zerren an ihr nicht mehr zu spüren, aber ich bin jenseits von
Selbstkontrolle. Wenn ich den Teil, der sich so verhalten würde,
in mein Herz nehme, dann entsteht das Bedürfnis, mich wieder mehr um mich selbst zu kümmern. Ich lasse meine Tochter
los, mir selbst zuliebe und ihr zuliebe. Ich sende ihr Liebe und
die Energie von Vertrauen, dass letztlich ihre innere Weisheit
ihr den richtigen Weg weisen wird. Ich biete nur noch dezent
und stetig Hilfe an, aber ich lasse innerlich los und kontrolliere
nicht mehr. Dazu brauche ich vor allem Selbstliebe.«

»Meine Liebe zu meiner Tochter wäre so groß, und durch
die Drogen hätte ich alles Vertrauen in sie verloren. Ich wäre
total verletzt, denn sie ist ein Teil von mir. In meiner Angst
würde ich denken, dass sie direkt neben mir ja keine Drogen
nehmen wird, deshalb will ich sie sonst immer kontrollieren
und sie ganz nah bei mir haben. Nehme ich den Teil, der sich
so verhalten würde, in mein Herz, dann bewirkt dies, dass ich
entspanne und merke, wie ich ihr wieder neu vertrauen kann,
ihren Weg zu finden. Ihr Vertrauen zu geben ist ein Ausdruck
von Liebe, wenn ich mir die Liebe selbst gebe.«

»Ich habe Angst, mein Kind zu verlieren. Ich habe Angst,
dass meine Tochter mich nicht mehr liebt. Ich vermisse den
Augenkontakt und eine spürbare Verbindung, das macht mir
wahnsinnige Angst. Deshalb klammere ich so sehr. Ich traue

mich auch nicht, ihr zu sagen, was ich wirklich sagen will. Ich fühle mich so verletzt und verlassen, dass ich Atemnot bekomme. Nehme ich diesen Teil in mein Herz, dann kann ich langsam in Liebe loslassen. Und ich merke, es tut mir aufrichtig leid, dass ich sie mit meinem Verhalten weiter weggetrieben habe. Es tut mir weh, sie loslassen zu müssen, aber Liebe tut manchmal weh, und ich bin jetzt bereit, den Schmerz auf mich zu nehmen, aus Liebe zu ihr. Ich kann auch wieder besser atmen, weil ich das Gefühl habe, dass ich jetzt sagen durfte, wie es mir geht.«

»Ich wünsche meiner Tochter, dass sie es alleine schafft, habe aber Angst, dass sie sich umbringt. Deshalb greife ich sehr stark ein, obwohl ich weiß, dass es eigentlich falsch ist. Aber ich glaube, dass sie sich sonst vielleicht selbst tötet, und das kann ich nicht zulassen, ohne etwas zu tun. Ich kontrolliere sie aus Liebe.«

Die 18-jährige selbst: »Alles, was ihr gesagt habt, ist ein bisschen wahr, und ich habe mich in allem ein bisschen wiedergefunden. Wenn ich meine Mutter wäre, dann wäre es auch die Liebe zu meiner Tochter, die mich so handeln lässt. Und aus Panik denke und höre ich nichts mehr, ich bin total blockiert. Ich weiß, dass sie alles alleine schaffen kann, aber ich habe Angst, dass es schlechte Einflüsse von außen geben könnte, mit denen sie alleine nicht klarkommt.«

Im zweiten Teil der Verständnistechnik stellten wir uns nun vor, wir wären Sandrina. »Warum hätten wir uns, wenn wir Sandrina wären, so eine Mutter erschaffen?« lautete Frage Nummer zwei an unser Herz.

»Ich wollte als Seele einfach mal ausprobieren, wie es ist, Drogen zu nehmen. Um dabei nicht total abzustürzen, brauche ich eine Mutter, die mich extrem festhält. Ich hasse es zwar, aber wenn sie das nicht täte, würde ich ins Nichts abstürzen und mich selbst verlieren. Eigentlich kann ich ihr danken, dass sie mich nervt, weil ich dann weiß, ich bin nicht alleine, sondern sie steht noch hinter mir. Wenn ich diesen Teil in mir liebe, kann ich das Drogenexperiment beenden. Und ich spüre auf einmal: Wenn meine Mutter spürt, dass ich mich selbst liebe, dann wird sie mich loslassen.«

Sandrina rief beim letzten Satz dieser Antwort erstaunt, dass sie genau dasselbe auch herausgefunden habe.

»Wenn ich mir so eine Mutter erschaffe, dann brauche ich Schutz. Die Welt ist wie ein Labyrinth für mich, und ich kenne den Ausgang nicht. Meine Mutter ist wie eine Art Notausgang. Ich habe ein Bild vor Augen von totaler Dunkelheit und Verlorensein. Wenn ich diesen Teil liebe, merke ich, dass ich sie brauche und dass ich versuchen muss, sie zu verstehen. Wenn ich das wirklich tue, wird sie mich auch besser verstehen.«

»Ich möchte mich selbst finden, weil ich sehen will, wer ich bin. Diese Mutter ist genau richtig dafür, das spüre ich.«

Sandrina: »Ich habe mir so eine Mama erschaffen, weil ich jemanden brauche, der immer auf mich aufpasst. Wenn ich mich selbst liebe und meine Mama spürt, dass ich mich selbst liebe, dann kann sie mich freilassen. Wenn ich mich nicht genug selbst liebe, dann hält sie mich wieder fest.«

Diesen Satz hatte Sandrina kaum beendet, da rief die Mutter an. Die Leitung war nicht gut genug. Aber Sandrina erzählte uns, dass ihre Mutter auch immer angerufen hätte, kurz bevor sie Drogen nahm. Und es schien ganz so, als gäbe es ihr insgeheim emotionalen Halt, zu wissen, dass ihre Mutter spürt, wie es ihr geht und wenn gerade etwas Besonderes geschieht.

Sandrina hat sich zwei Wochen nach diesem Hopping bei uns gemeldet, um zu berichten, wie es bei ihr weitergegangen war. Die Mutter hatte ihr tatsächlich endlich geglaubt, dass sie keine Drogen mehr nimmt. Sie durfte auf ihre Wunschschule gehen und musste nicht in Therapie. Stattdessen ist die Mutter selbst in Therapie gegangen.

Dies ist eins der Hoppings, auf das wir am allerstolzesten waren, und wir freuten uns sehr für Sandrina und diesen Ausgang. Gleichzeitig bewunderten wir ihren Mut und ihre Offenheit, sich auf so eine Sitzung mit wildfremden »alten Frauen und alten Männern« (aus ihrer Perspektive) einzulassen und mit ganzem Herzen dabei zu sein. Denn mit halbem Herzen bringt man keine derartigen Resultate hervor!

15

Der Raum des Friedens

Die Liebe ist ein Flügelpaar,
das Gott den Menschen gegeben hat,
um zu ihm aufzusteigen. (Michelangelo Bionarroti)

Die Stille ist das lauteste der Worte. (Buddha)

Das Herz kann mir eine Frage beantworten, wenn ich es
ganz in der Stille befrage. Die Stille im Herzen lässt sich
nun auch noch in anderer Weise nutzen. Bei dieser Hoppen-
Variante nutze ich die Ansatzweise der Hawaiianer, die davon
ausgehen, dass ein Problem in meinem Außen auf ein inneres
Ungleichgewicht in mir zurückzuführen ist. Hat ein anderer
Mensch mit mir Zank und Streit, so liegt dem ein inneres Ungleichgewicht in mir zugrunde. In irgendeiner Form reibe ich
mich innerlich an diesem Menschen, und bei unserer Auseinandersetzung entsteht in mir und in diesem anderen Menschen Energie durch die Aufmerksamkeit, die wir dem Problem zwischen uns schenken. Reibung erzeugt Energie.

Anders herum betrachtet, wird sich glücklicherweise mein
Problem mit dem anderen Menschen auch bereinigen und
auflösen, wenn es mir gelingt, den Ausgleich von Energie mit
diesem Menschen auf andere, friedlichere Weise zu gewähr-
leisten. Offenbar will ich mit diesem Menschen ein anderes,
besseres Energieniveau herstellen, und genau dazu dient mir
mein Problem mit ihm. Natürlich ist mir wie bei allen Themen,

die ich durch Hoppen lösen möchte, nicht bewusst, woher das Problem in mir stammt und wie ich die Energie ausgleichen kann. Aber das muss ich auch hier nicht, wieder kann ich das Thema meinem Herzen übergeben und meine Liebe bitten, sich des Problems anzunehmen. Die Liebe wird die Energie schon ausgleichen. Ich muss sie nur darum bitten.

Sinnbildlich gebe ich dem für mich schwierigen Menschen Energie oder lasse mir von ihm Energie geben. Im Prinzip wirkt diese Hoppen-Variante wie beim Familienstellen nach Hellinger, der auch symbolisch etwa einen Stein zwischen Menschen einer Familie übergeben lässt, um Frieden herzustellen. Hier nun stelle ich auch in einem »Raum des Friedens« alle Menschen auf, die mit mir zu tun haben (also meine Familie wie auch meine Seelenfamilie) und lasse die Energien zwischen uns ausgleichen.

Übung zehn
Raum des Friedens

 Verbinde dich dazu wie in der Übung »Dein Herz fragen« aus dem letzten Kapitel mit der Stille in deinem Herzen. Blicke auf den schimmernden See im Sonnenlicht und gehe ganz bewusst in die Stille: »Ich verbinde mich mit meiner Stille.« Wenn du das Gefühl hast, ganz vertieft und versunken in deine Stille zu sein, stell dir vor deinem geistigen Auge vor, wie du in der Stille einen Raum entdeckst. Es ist der Raum des Friedens. Lass ihn einfach so entstehen, ohne Anstrengung. Sage dir innerlich: »Ich gehe in den Raum des Friedens.«

Dann frage dich, wie dein Friedensraum aussieht. Wie ist der Boden? Woher kommt das Licht? Wie ist die Decke beschaffen? Geh im Raum umher und erkunde ihn eine Weile. Dann suche einen Ort, an dem ein Tisch oder eine Art Altar zu finden sind. Auf diesem Altar stehen drei Kerzen, eine für den Vater im Himmel, eine für Mutter Erde und eine für dich als ihr gemeinsames Kind. Zünde alle drei Kerzen an. Und dann stell dich hinter den Altar.

Beginne damit, rund um diesen Altar alle Menschen hinzustellen, die du kennst. Am besten fang mit deiner Familie an, deinen Eltern und deinen Kindern. Platziere jeden Menschen einfach an den Ort, den du als richtig empfindest. Dann stelle alle weiteren Menschen dazu, so wie sie dir in den Sinn kommen. Die du magst, stellst du nahe zu dir, und die Menschen, die du nicht magst, darfst du auch mit dem Rücken zu dir nach außen stellen. Jeder findet seinen Platz, ganz spontan.

Dann kümmere dich besonders um die Menschen, mit denen du Themen und Probleme hast. Stell dich ihnen vor deinem inneren Auge gegenüber und verbeuge dich vor diesen Menschen. Lass dabei alle Energie ausgleichen, die zwischen euch im Ungleichgewicht ist. »Ich verbeuge mich vor dir und lasse alle Gaben zu dir fließen, die ich dir zu geben habe. Und ich empfange auch von deiner Seite alle Gaben, die zu mir gehören. Ich bitte meine Liebe, für einen harmonischen Ausgleich der Energien zwischen uns zu sorgen.«

Nimm dir Zeit. Wenn du dies mit allen Menschen getan hast, mit denen du es gern tun möchtest, verlasse den Raum und komm zurück ins Hier und Jetzt. Wie geht es dir dabei?

Das Verbeugen hat in dieser Übung den Sinn, dem anderen Menschen den ganzen Wert und die ganze Anerkennung zu schenken. Es bedeutet, ich mache mich klein vor dir. Ich erkenne meinen Anteil an unserem gegenseitigen Problem an und lasse durch meine Verbeugung die Lösung zu. Ich erkenne dich als gleichwertigen Partner an und nicht mehr als Gegner.

In meinen Seminaren nutze ich die Kraft der Verbeugung auch ganz praktisch, um zwischenmenschliche Dissonanzen zu lösen. Dazu bilden sich zuerst Zweiergruppen. In der Gruppe besprechen die beiden Partner dann das bestimmte Thema, das sie jeweils bearbeiten möchten. Habe ich beispielsweise ein Thema mit meinem Nachbarn, dann wird mein Partner in dieser Übung als Stellvertreter für meinen Nachbarn dienen. Feierlich stellt sich in der Übung anschließend mein Partner als mein Nachbar mir gegenüber, und nacheinander verbeugen wir uns voreinander. Oft dienen auch Vater oder Mutter als Stellvertreter, es kann wie hier aber auch jede andere Person sein. Während der Verbeugung sprechen alle innerlich für sich die Affirmation: »Ich verbeuge mich vor dir. Ich lasse alle Energien zu dir fließen, die zu dir gehören. Und ich empfange dabei auch alle Gaben von dir, die zu mir gehören. Ich bitte meine Liebe in meinem Herzen, für den harmonischen Ausgleich aller Energien zwischen uns zu sorgen.«

Diesem Verbeugungsritual wohnt eine sehr große Kraft inne. Eine Teilnehmerin, Petra, erzählte mir, sie würde an ihrer Arbeitsstelle von einer anderen Frau gemobbt. Ihr Chef wusste davon, sah aber tatenlos zu. Also schlug ich Petra dieses Ritual vor, und sie wählte als Person, vor der sie sich verbeugte, ihre Kollegin aus. Zwar knurrte sie mich an und zeterte: »Was verlangst du da von mir!«, aber sie verbeugte sich dann ganz artig, so tief sie es nur vermochte. Als unterstützende Affirmation kann dabei gedacht werden: »Ich danke dir, dass du mir zeigst, wo ich innerlich noch im Ungleichgewicht bin. Danke, dass du mir dieses Thema schenkst, an dem ich nun arbeiten möchte. Ich verneige mich vor dir. Ich gebe dir die ganze Wertschätzung. Du bist gut so, wie du bist. Ich akzeptiere dein Verhalten voll und ganz.

Ich erkenne, ich habe dieses Problem nur, weil es mein Thema ist. Ich selbst bin der Hauptdarsteller in diesem Film. Verzeih mir, wenn ich auf dich wütend bin. Ich kann nicht anders. Es löst etwas Altes in mir aus, das nichts mit dir zu tun hat. Eigentlich bin ich auf mich selbst wütend. Lieber bin ich wütend, als den alten Schmerz zu spüren, der unter meiner Wut verborgen ist. Ich bitte die Liebe in meinem Herzen, für den harmonischen Ausgleich der Energien zwischen uns zu sorgen.«

Gleich nach der Übung fühlte Petra sich sehr erleichtert. In der Pause checkte sie aus Neugier ihre E-Mails und erzählte mir kurz danach voller Erstaunen, ihr Chef hätte gerade (ziemlich zur gleichen Zeit, in der sie die Verbeugung durchführte) eine E-Mail an alle geschrieben, in der er am nächsten Dienstag um eine Besprechung bat, in der das Mobbingthema besprochen werden sollte. Plötzlich übernahm er die Verantwortung, auf die Petra so lange gewartet hatte. Petra mailte mir zwei Wochen später, ihr Chef gab ihr in dieser Besprechung recht, und die mobbende Kollegin kündigte daraufhin kurze Zeit später von sich aus. Das Thema war für Petra innerlich geklärt. Also konnte es in ihrem Außen verschwinden. Was für eine Veränderung doch durch solch eine simple Verbeugung geschehen kann!

Eine dritte Möglichkeit, innerlich Frieden zu schaffen, kenne ich ursprünglich durch Dagmar Neubronner, die vor allem durch die Übersetzung der Bücher von Walter Russell bekannt geworden ist. Diese Methode nennt sich »Heilung durch Ausgleich«. Wenn du ein aktuelles Problem mit einem Menschen in deiner Umwelt auflösen möchtest, eignet sich auch diese Variante.

Ich stelle sie hier ein wenig abgewandelt vor.

Übung elf
Heilung durch Ausgleich

 Such dir einen geschützten Raum und bitte einen Freund oder eine Freundin dazu. Besprecht zuerst, welches Thema ihr gemeinsam anschauen möchtet.

Dann fangt damit an, dass einer von euch beiden als Stellvertreter für denjenigen Menschen fungiert, mit dem ihr ein Problem habt. Nehmen wir an, du hättest ein Problem mit deinem Vater. Dein Stellvertreter fungiert in dieser Übung also als dein Vater.

Stellt euch gegenüber auf, und du gehst ganz in das Gefühl, das du gegenüber deinem Vater im Moment in dir trägst. Nun strahle dieses Gefühl auf deinen Freund aus. Lass deinem Freund Zeit, dieses Gefühl zu spüren.

Nun geh zu deinem Freund und bring ihn in eine Körperhaltung, die dem Gefühl entspricht, das du deinem Vater gegenüber in dir trägst. Forme deinen Freund wie eine Puppe, nimm seine Arme und Beine und stell ihn so hin, wie es deinem Gefühl gemäß richtig ist. Dann frage deinen Freund, wie er sich in dieser Haltung fühlt. Eine kurze Antwort reicht, überhaupt sollte bei dieser Übung so wenig wie möglich gesprochen werden.

Nun geh in die Nähe deines Freundes und betrachte seine Körperhaltung genau. Sprich aus, wie du dich fühlst. Nimm dann selbst die deinem Gefühl entsprechende neue Körperposition ein. Spüre nun in dich selbst hinein, wie dein Gefühl sich verändert, wenn du so deinem Vater in dieser Haltung gegenüberstehst.

Frage wieder deinen Freund, wie es sich für ihn anfühlt, wenn du in dieser Haltung stehst. Nun bitte die Liebe in deinem Herzen, sich deines inneren Themas intensiv anzunehmen. Betrachte den Stellvertreter wie deinen Vater und bitte deine Liebe, alle Energien zwischen euch beiden auszugleichen und zu harmonisieren. Warte so lange, bis du das Gefühl einer Veränderung in dir erhältst. Frage dich abschließend, was sich an deiner Einstellung deinem Vater gegenüber verändert hat. Sprich diese neue Sichtweise deinem Freund gegenüber aus.

Am Schluss gehen beide aus der Energie dieser Aufstellung ganz bewusst heraus, indem sie atmen, sich schütteln und in einen anderen Raum gehen.

Außerdem kann ich auch ganz praktisch, in meinem täglichen Leben, den inneren Frieden nutzen. Statt in Ärger oder Stress zu geraten, bleibe ich dabei ganz in meiner Mitte und verbinde mich mit dem Raum des Friedens. Wenn du dies einige Male praktiziert hast, wird es dir in Fleisch und Blut übergehen, und dein Körper erinnert sich dann an diesen Raum. Stell dich einfach dazu innerlich im Raum des Friedens hinter den Altar und entzünde die drei Kerzen. Schon bist du im Friedensraum.

Vor Kurzem war ich auf einem Vormittagstermin mit einem Freund und hatte meinen Kindern versprochen, sie nach der Schule abzuholen. Der Termin dauerte etwas länger, und ich begann, mir innerlich schon Sorgen zu machen, ob ich die Schule rechtzeitig erreichen würde. Schon überlegte ich, bei einer befreundeten Mutter anzurufen, um sie zu bitten, meine Kinder mit nach Hause zu nehmen. Irgendwie wollte ich aber so gar nicht in eine Panikenergie kommen und ging stattdessen in den Raum des Friedens. Ich bat dort darum, gelassen zu bleiben und dass alles sich harmonisch fügen sollte. Und so war es dann auch. Kaum fuhren wir an der Schule vor, kamen meine Kinder gerade zum Parkplatz. Wir hatten etwa 20 Minuten bei dieser Fahrt eingespart ohne zu rasen oder in Stress zu kommen.

Schon oftmals habe ich mich mit Freunden und Bekannten über diese unglaubliche Eigenschaft von Zeit unterhalten: Je mehr Zeit ich mir lasse, umsomehr bekomme ich. Je weniger Zeit ich mir nehme, umsoweniger habe ich. Es scheint fast so, als könnte sich mein innerer Friede nach außen ausbreiten und auch meine Umwelt ruhiger, entspannter und gelassener werden lassen.

Zum Beispiel behauptet eine frühere Arbeitskollegin von mir steif und fest, einmal verschlafen zu haben und in völligem Stress aus dem Haus gehastet zu sein. Sie war sich sicher, viel zu spät zu einem vereinbarten Geschäftstermin zu kommen. Im Auto beruhigte sie sich und wurde gelassener. Sie begann sogar zu singen und sagte sich, bestimmt käme sie schon zur rechten Zeit an. Dabei vergaß sie völlig, auf die Uhr zu schauen, und wie durch ein Wunder war sie beinahe pünktlich an ihrer Arbeitsstelle. Kaum saß sie in ihrem Büro, kam schon schweißtriefend und gehetzt ihre Verabredung hinein und entschuldigte sich vielmals für die Verspätung! Alles passierte zum Besten, weil sie in ihrer Mitte geblieben war.

Übung zwölf
Kraft des Friedens

 Probier es aus: Morgen früh auf deinem Weg zur Arbeit bleib einfach mal ganz ruhig und in deinem inneren Frieden. Einerlei, ob du mit Zug, Fahrrad oder Auto unterwegs bist. Gehe ganz in die Erwartung: »Egal, was mir heute vom Universum auf dem Weg zur Arbeit geliefert wird, ich bleibe ganz entspannt. Om!« Und dann lass dich von deinem Universum überraschen. Vielleicht erwischst du plötzlich eine grüne Welle mit deinem Auto und bist auf wundersame Weise schneller als gedacht an deiner Arbeitsstelle. Es ist den Versuch wert!

16

Ablehnung zieht an

Wir können keine großen Dinge tun,
aber viele kleine – und das mit viel Liebe. (Mutter Teresa)

Mensch, was du liebst, in das wirst du verwandelt
werden. (Angelus Silesius)

Beim Hoppen nutze ich die ganze Kraft der Liebe, um in meinem Inneren Heilung zu bewirken. Daraus kann ich umgekehrt messerscharf schlussfolgern, die Entstehung von meinem Problem hat mit dem Gegenteil zu tun. Etwas in mir wurde un-heil, weil ich mich von der Liebe entfernt hatte. Das Unheil nahm seinen Lauf, als ich die Liebe vergaß.

In diesem Buch habe ich Liebe vor allem als die Eigenschaft eines Menschen beschrieben, sich die Fähigkeit der Annahme und des Verzeihen anzueignen. Probleme in meinem Leben entstehen, wenn ich mich gegen den Fluss des Lebens stelle. Dies geschieht durch meine Ablehnungen, meine Verurteilungen und mein falsches, un-heiles Denken.

Stell dir vor, Gott hat dir Tausende von Eigenschaften mit in dein Leben gegeben. Du bewertest diese Fähigkeiten und Unfähigkeiten in gute und schlechte. Was du an dir gut findest, wird auch im anderen Menschen akzeptiert. Eigenschaften, die du an dir ablehnst, lehnst du auch im anderen Menschen ab. Dazu hat uns der liebe Gott die Fähigkeit der Projektion mitgegeben. Wenn ich einen anderen Menschen ablehne, lehne ich, natürlich unbewusst und sehr versteckt, auch mich selbst irgendwo ab. Das Hoppen hat den ungemeinen Charme, diese von mir weggeschobenen Eigenschaften wieder zu mir zurückzubringen, um sie neu in mich zu integrieren. Als Bild habe ich für dich dazu folgendes Konzept.

Stell dir vor, deine tausend Eigenschaften, die du mit auf die Welt gebracht hast, wären Puzzleteile. Erst wenn das Puzzle zusammengesetzt ist, erkennst du das Bild. Dieses Bild bist du selbst. Dann erst kannst du dir auch Klarheit über dich als Gesamtkunstwerk machen und deine Bestimmung im Leben wirklich entfalten. Vorher bleiben sehr viele Seiten an dir noch versteckt. Es ist nun so, dass jeder Mensch, den du wegen einer bestimmten Schwäche oder eines Fehlers ablehnst, einem Puzzleteil entspricht, den du aus deinem eigenen Spiel nimmst. Je mehr Teile du durch deine Ablehnung aus dem Spiel entfernst, umso mehr Löcher und weiße Flecken wird dein Puzzle aufweisen. Du kannst erst zu dir und zu deiner Kraft finden, wenn du alle oder möglichst viele Puzzleteile in dein Spiel aufgenommen hast.

Das Universum ist aber so konzipiert, dass es dir helfen möchte, deine abgelehnten Teile wieder in dich zu integrieren. Es sorgt darum dafür, über dein Schicksal immer wieder wie Treibgut alles in dein Leben zu spülen, was du abgelehnt hast. C. G. Jung habe ich bereits in diesem Sinne zitiert, aber doppelt hält vielleicht besser: »Schattenseiten, die du ablehnst, treten dir als Schicksal entgegen.« Ablehnung funktioniert also gar nicht wirklich.

Ein Thema, das du in deinem Leben noch nicht gelöst hast, tritt dir immer wieder auf die Füße, bis du es irgendwann gelöst und angenommen hast. Darum ist es doch am besten, mithilfe des Hoppens diese Themen zu lieben, anzunehmen und so in dein kosmisches Puzzlespiel deiner selbst einzubauen.

Bei mir selbst habe ich schon öfter erlebt, wie sehr meine Ablehnungen dazu führten, eben genau diese Dinge in mein Leben zu ziehen. Als ich etwa zwanzig Jahre alt war, führte mich mein Volleyballspiel nach Mannheim. Diese Stadt ist im Zentrum wie ein Schachbrett entworfen. Straßen heißen hier B 5 oder H 9. Ich fand das unmöglich, viel zu geplant und hatte darum immer eine gewisse Abneigung gegen diese Stadt. Später war ich dann zehn Jahre lang beruflich immer wieder dort, da hier der Hauptsitz meiner Firma war, zu dem ich häufig reisen musste. So schlimm ist Mannheim gar nicht. Davon konnte ich mich dann intensiv überzeugen.

Ungefähr in demselben Alter ging ich wie die meisten meiner Altersgenossen häufig in eine Landdisco. Dort sah ich immer wieder einen anderen jungen Mann, den ich zunächst überhaupt nicht mochte. Kurze Zeit später wurde er mein bester Freund.

Genauso waren mir als eingeschworenem Rheinländer die Bayern und ihre Mundart früher äußerst suspekt. Und nun lebe ich mit meinen Kindern schon elf Jahre in der Nähe von München.

Und auch von Bärbel gibt es aus ihrem ersten Buch »Bestellungen beim Universum« eine ganz ähnliche Geschichte zu berichten. Auf einem Seminar fand sie einen anderen Teilnehmer zutiefst abstoßend, und sie ging ihm tunlichst aus dem Weg. Bei einer späteren Übung sollte sie mit verbundenen Augen die Hand eines anderen Menschen fühlen, und sie fand diese Hand sehr sympathisch. Es war die Hand von genau diesem Mann, und nicht lange danach lagen sich die beiden weinend in den Armen.

Apropos: Ganz oft ist es auch die Ablehnung, die meine Aus-
lieferungen von Bestellungen beim Universum verhindert.

Zeit meines Lebens hatte ich mir beispielsweise gewünscht,
später einmal Kinder zu haben. Ein Leben ohne Kinder lehnte
ich also mit anderen Worten schlichtweg ab. Dann, kurz bevor
ich vierzig wurde, resignierte ich. Immer noch hatte ich keine
Kinder, die richtige Frau dazu lief mir einfach nicht über den
Weg. Also kündigte ich meine gesetzliche Krankenversiche-
rung und wechselte in die viel günstigere Private. Ich war
zehn Jahre lang teurer gesetzlich versichert geblieben, da ich
darauf spekulierte, meine zukünftigen Kinder dann in dieser
Versicherung günstig über mich mitversichern zu können. Ich
ließ dieses Vorhaben also los. Kaum war ich aus der Ablehnung
gegangen und akzeptierte ein Leben auch ohne Kinder, da traf
ich Bärbel, und kurze Zeit darauf hatte ich Zwillinge! Ich hatte
diesen Wunsch wirklich losgelassen.

Ich bin mir auch sicher, die Qualität meiner Arbeit hängt sehr
davon ab, wie ich innerlich gestimmt bin. Wenn ich ein neues
Buch wie dieses hier schreibe, versuche ich, so viel wie möglich
in einem Zustand von Akzeptanz und Annahme zu bleiben.
Falle ich nämlich beim Schreiben aus meiner Mitte, wird ein
Leser das ganz bestimmt spüren. Es ist geradezu unmöglich,
meine Energie vom Schreiben nicht mit ins Buch zu übertra-
gen. Ich nehme mich hier, wie überallhin, auch mit in mein
neues Buch. Dieses Prinzip gilt aber für jede Tätigkeit.

So war meine neue Putzfrau sehr verwundert, als ich sie
während ihrer Arbeit auch zum Essen einlud. Da sie bei uns
arbeitet, ist für mich klar, dass sie auch mit uns isst, wenn sie
über Mittag da ist. Vielleicht haben da die zehn Jahre gemeinsam mit unseren Au-pairs einfach abgefärbt. Für meine polni-

sche Perle war dies nach acht Jahren, die sie nun in der Boden-
kosmetik arbeitet, das erste Mal, eingeladen zu werden. Es hat
sie sehr berührt.

Wir haben dann später mal darüber gesprochen, warum mir
das gemeinsame Essen wichtig war. Wenn sie gern in mein
Haus kommt, Zeit für einen gemeinsamen Plausch ist und auch
gemeinsam gegessen wird, fühlt sie sich hier wohl. Ich bin sicher, ihr Wohlgefühl wird sich auch in ihrer Arbeit nieder-
schlagen. Tut sie alles gern, was sie für mich erledigt, dann wird
sich diese Energie auch im Haus ausbreiten. Im Grunde ist es
also zutiefst egoistisch von mir, sie gut zu behandeln. Würde
ich nur hinter ihr herlaufen, rumschimpfen, dass sie zu wenig
tut, zu teuer ist und nicht gut genug sauber macht, würde sie
dagegen nur ungern bei mir sein. Alles, was sie in meinem Haus
täte, wäre durchtränkt von Abneigung und einem schlechten
Gefühl. Ich bin sicher, mein Haus und meine Kinder würden
das spüren. Es ist also immer eine Frage, in welcher Geistes-
haltung ich etwas tue. Sehe ich das Gute, wird mehr Gutes er-
weckt und entsteht. Sehe ich dauernd nur das Schlechte, wird
immer mehr Schlechtes angezogen.

Genau darum haben wir alle unsere insgesamt zwölf Au-
pairs durch die Jahre sehr gut behandelt. Leider wurde uns zu-
getragen, in Deutschland sei dies eher die Ausnahme. Bärbel
war für die meisten der Mädchen aus Kenia und Brasilien wie
eine Ersatzmama. Traditionell wurden auch später noch alle
Ehemaligen am Nikolaustag zu uns nach Hause eingeladen,
und zu den meisten haben wir auch heute noch sehr guten
Kontakt. Und dabei war es nicht immer einfach, mit diesen
fremden Kulturen zurechtzukommen. Viele Mädchen hatten
ihr eigenes, langsames Tempo bei der Erledigung ihrer Auf-
gaben, doch Bärbel entwickelte einfach ein gutes Händchen,

ihnen ihren Freiraum zu lassen. Sie konnte diese Mädchen sehr gut so annehmen, wie sie waren.

Übung dreizehn
Welche Energie gibst du deiner Arbeit?

 Bei allem, was du tust, frage dich in der nächsten Zeit: »Welche Energie gebe ich gerade in diese Sache?« Wenn du Blumen gießt, denke liebevoll an deine Pflanzen. Und welche Art von Energie schenkst du deiner Firma, welche deinem Geld? Mit welcher Energie denkst du an deine Familie, an deinen Partner? Sei doch einfach in nächster Zeit sehr achtsam und achte genauer darauf, welche Grundhaltung du in die Welt hinausstrahlst. Mit welcher Energie umgebe ich mich – das ist immer in jedem Augenblick meine ureigenste Entscheidung. Das Universum ist wie ein Kind. Es spürt sehr genau, wie ich mit ihm umgehe, und reagiert dementsprechend.

Dort, wo ich ablehne, gebe ich meine Energie in etwas Negatives. Das Universum hört mir in jedem Moment sehr genau zu. Ich stehe ständig in Resonanz mit der Schöpfung. Durch Ablehnung gebe ich eine Energie hinaus, die zu noch mehr Dingen in meinem Leben führen wird, die mir noch mehr Gründe für weitere Ablehnungen schenken werden. Es ist ein immerwährender Kreislauf. Manchmal ist es auch ein Teufelskreis.

Wenn ich ablehne, fließen die Energien nicht mehr, und es entsteht ein Stau. Auswirkungen davon sind Wut und Ärger.

Jemand sagte mir kürzlich: »Hasten kommt von Hass. Wenn ich in Eile und in Hass gerate, bin ich im Ungleichgewicht. Und dann beginne ich, wütend zu werden und vielleicht sogar zu hassen. Ein wenig empfinde ich dies sehr besorgniserregend, denn in der heutigen Zeit sind doch alle immer im Stress, und niemand hat mehr Zeit. Sind wir wirklich alle so weit entfernt von unserer Mitte?«

Da könnte die folgende Übung helfen.

Übung vierzehn
Wogegen bin ich?

 Nimm dir ein großes Blatt oder verwende zu dieser Übung eine Seite aus deinem Tagebuch. Schreib einfach alle Dinge auf, die du nicht magst, die du ablehnst oder die dich nerven. Zum Beispiel: Ich mag es nicht, meine Steuererklärung auszufüllen. Die Bildzeitung ist doof. Die Spritpreise sind viel zu hoch. Und so weiter. Mach dir eine richtig lange Liste. Dann nimm all diese Ablehnungen einzeln in dein Herz. Hoppe jedes einzelne dieser Dinge und schenk ihnen deine ganze Liebe. All die Dinge deiner Liste spiegeln ein Puzzleteil von dir, das integriert werden möchte.

Eine schöne Art zu lernen, die Dinge deines Lebens mehr zu akzeptieren und anzunehmen, ist auch die einfache Frage: »Was würde die Liebe tun?« Dieser Satz steht auf einem kleinen blauen Bändchen, das du dir umlegen kannst, um bewusster mit der Wirkung dieser Worte üben

zu können. Wer das Bändchen trägt, geht die Selbstver-
pflichtung ein, bei jedem Kummer und allen Problemen
zuerst sich selbst diese Frage zu stellen. Bist du ärgerlich
oder wütend, dann frage dich: »Was würde die Liebe
tun?« Und dann handle im Sinne der Liebe. Erwischst du
dich dabei, nicht im Sinne der Liebe zu handeln, wechsle
das Armband auf das andere Handgelenk. Und fange von
vorne an, die Tage zu zählen. Ziel ist es, 28 Tage das Armband an demselben Handgelenk zu belassen. Dann hast
du es vier Wochen geschafft, im Sinne der Liebe zu handeln. Näheres findest du auf *www.healyourworld.de.*

Als Beispiel kannst du eine alltägliche Begebenheit nutzen, die
jedem von uns immer wieder mal passiert. Du fährst durch die
Stadt, und vor dir fährt ein sehr langsames anderes Auto. Wie
reagierst du? Vielleicht denkst du: »Der soll doch seine verkehrs-
erziehende Maßnahme woanders abhalten!« Vielleicht fährst du
ja auch wild hupend an dem Fahrer vorbei. So ein Blödmann!
Nun stell dir in deinem Herzen einmal diese Frage: »Was würde
die Liebe tun?«

Im Grunde ist das auch eine Standardfrage beim Hoppen:
»Wenn ich mich so verhalten würde wie dieser Fahrer, warum
würde ich das tun?« Schaue ich diesen langsamen Fahrer vor
mir mit den Augen der Liebe an, dann denke ich vielleicht:
»Prima, jemand lässt sich Zeit! Das sollte ich auch viel öfter
mal machen!« Oder: »Ich fahre mal wieder viel zu schnell. Da
vorne ist eine Schule. Besser, ich gehe vorsichtshalber auch
mal vom Gas!« »Vielleicht kennt sich der Fahrer in dieser Gegend nicht aus und sucht eine Adresse? Oder vielleicht ist es
ein älterer Fahrer, der ein bisschen vorsichtiger ist. Ich lehne
mich einfach entspannt zurück, atme tief durch und schau mir

ein bisschen die Häuser an. Oh, das ist ja ein schönes Haus, das hab ich ja noch nie gesehen, obwohl ich jeden Tag hier lang-fahre ...«

Der Initiator dieser Idee heißt Sandro Petralia. Zu seinem Bändchen meint er: »Ich glaube daran, dass wir mit der Kraft der Liebe eine Welt erschaffen können, von der viele träumen!« Dem kann ich nur zustimmen. Sei selbst die Veränderung, die du dir für diese Welt ersehnst.

17

Das Innere beobachten

Nichts hat psychologisch gesehen einen
stärkeren Einfluss auf ihre Umgebung und
besonders auf ihre Kinder als das
ungelebte Leben der Eltern. (C. G. Jung)

Die größte Herausforderung des Lebens liegt darin,
die Grenzen in dir selbst zu überwinden
und so weit zu gehen, wie du dir niemals hättest
träumen lassen. (Paul Gauguin)

Als Abschluss der Vorstellung neuer Techniken möchte ich dir nun Naikan vorstellen. Es stammt ursprünglich aus Japan und wurde dort vor 40 Jahren als neue Form der Selbstreflektion entwickelt. Nun wird es auch im deutschsprachigen Raum immer bekannter. Es ist dem Hoppen in seiner Wirkung sehr verwandt, und ich bin selbst ein großer Fan geworden. Darum soll es auch hier einen ehrenvollen Platz erhalten.

»Nai« bedeutet »Inneres«, und die Silbe »Kan« steht für »Beobachten«. Dieses Beobachten meines Inneren wird durch gezielte Fragen angeregt. Naikan wird in der klassischen Form über sieben Tage durchgeführt, in denen man sich ganz von der Außenwelt zurückzieht. Begleitet wird man nur von drei Fragen.

Diese drei Fragen dienen vor allem dem Wechsel der eigenen Perspektive. In einer anderen Betrachtungsweise zeigen sich dann die Dinge zumeist in einem gänzlich anderen Licht. Meine alltägliche Sicht der Dinge ist doch zugegebenermaßen zumeist voller Ichbezogenheit. Da hat mir jemand wehgetan, dort ist ungerecht mit mir umgegangen worden. Mein Fokus auf die Welt dreht sich im Normalfall immer nur um mich und meine scheinbaren Verletzungen.

Nun möchte ich dich dazu einladen, deinen Blickwinkel einmal radikal zu ändern, indem du dir diese drei Fragen des Naikan stellst. Betrachte einen Menschen, der dich nervt, und beantworte dir die folgenden Sätze:

- Was habe ich von diesem Menschen bekommen?

- Was habe ich diesem Menschen gegeben?

- Welche Probleme und Schwierigkeiten habe ich diesem Menschen bereitet?

Alle drei Fragen stelle ich aus Sicht des anderen Menschen heraus. Was bedeute ich diesem Menschen? Welche Mühe habe ich ihm gemacht? Was hat dieser Mensch bereits alles für mich getan?

Die engsten und darum auch emotionalsten Verbindungen meines Lebens habe ich zweifelsohne mit den Menschen, die mich seit meiner Kindheit begleiten. Da sind vor allem die Eltern zu nennen oder diejenigen Personen, die eine Elternrolle für mich eingenommen haben. Neben den Geschwistern können auch besondere Bindungen zu anderen Familienmitgliedern bestehen. Und selbstverständlich stehen mir meine Beziehungspartner und die eigenen Kinder besonders nah. Je näher mir aber ein bestimmter Mensch in meinem Leben steht, umso weniger kann ich ihn wirklich sehen. Der Wald verschwindet auch hier vor lauter Bäumen. Mach doch einmal aus Spaß dazu das folgende Experiment:

Strecke die rechte Hand aus und blicke sie genau an. Erkennst du die feinen Linien, die Finger und den Daumen? Nun lass deine Hand langsam näher kommen, bis sie sich sehr nah vor deinem Gesicht befindet. Du kannst die Linien nun noch schärfer sehen, auch kleine Äderchen treten genauer hervor. Dann bring deine Hand so nah vor dein Gesicht, dass sie die Nasenspitze berührt. Was siehst du nun?

(Die Hand hat plötzlich nur noch drei Finger, ist völlig unscharf und ist nur noch schemenhaft zu erkennen.)

Als ich diese einfache Praxis das erste Mal probierte, war mir ganz plötzlich sonnenklar, warum die Projektion meiner Eigenheiten, meiner Fehler und Mängel auf Menschen meines engsten Umfeldes so gut funktioniert. Diese Menschen stehen so dicht vor mir, dass sich bildlich gesprochen die Nasenspitzen berühren. Dann aber kann ich diese Menschen nur noch bruchstückhaft erkennen. Und weil mir ein brauchbares Gesamtbild fehlt, bastele ich mir aus meinen Vorstellungen eben den Rest zusammen. Auch wenn meine Vorstellungen natürlich subjektiv sind und darum auch nur eine sehr verzerrte Wahrheit dessen, wie dieser Mensch wirklich ist, ausdrücken können.

Darum ist es in den engsten zwischenmenschlichen Beziehungen oft auch so besonders schwierig, bestehende Probleme zu lösen. Weil ich die Menschen nur unzureichend wahrnehme, kann ich auch das ursprüngliche Thema nur ungenau eingrenzen und beobachten. Darum sehe ich meist auch den Ursprung der Spannungsfelder nicht, die zwischen mir und der unmittelbaren Umgebung bestehen. Manchmal haben gewisse Reibungsfelder auch ihren Ursprung in den tiefsten Wurzeln meiner Familie und bleiben darum für mich wie auch die engste Verwandtschaft lange Zeit unsichtbar.

Naikan kann sehr dabei helfen, all das Gute zu sehen, das mir meine Eltern als Kind und auch heute noch entgegenbringen. Es kann helfen, meine Kindheit und meine Eltern mit ganz neuen Augen zu betrachten. Alle Vorwürfe und Beschuldigungen machen bei vielen Menschen im Naikan-Prozess der Erkenntnis Platz, meine Eltern haben mich lieb und werden mich immer lieb haben. Trotz aller Missverständnisse und Probleme, die zwischen uns bestehen.

Ein Bekannter von mir war sogar extra in Bremen, um eine Woche lang Naikan im Kloster zu praktizieren. Er berichtete mir, wie angespannt das Verhältnis zu seinem Vater sein Leben lang gewesen sei. Während der Woche war seine erste Aufgabe, das Verhältnis zu seiner Mutter und dann auch zu seinem Vater zu betrachten. Am ersten Tag wurde der Zeitraum bis fünf Jahre betrachtet, danach das Alter fünf bis zehn und so weiter, bis er im Hier und Heute angekommen war. Er wunderte sich selbst, aber vor allem gegenüber seinem Vater, der auch heute noch lebt, hat sich sein Verhältnis völlig umgedreht. Er empfindet jetzt eine starke Sympathie ihm gegenüber.

Wenn ich erkenne, welch große Zuwendung ich von meinen Eltern erhalten habe und auch weiter erhalte, kann ich wirkliche Wertschätzung dafür entwickeln. Endlich kann ich ihnen auch richtig dankbar sein. Menschen, die eine klassische Naikan-Woche absolviert haben, berichten häufig davon, mit ihrer Vergangenheit mehr im Reinen zu sein als vorher. Viele fühlen sich regelrecht getragen von all der Unterstützung, die ihnen durch die Menschen ihrer Umwelt zuteilwird. Es entsteht oft auch ein tiefes Gefühl von Dankbarkeit, beschenkt zu werden und innerlich reich zu sein.

Übung fünfzehn
Naikan-Tagebuch

Für viele von uns ist es undenkbar, beispielsweise in ein Kloster zu gehen, um sich eine Woche vertiefend mit den Fragen des Naikan zu beschäftigen. Darum gibt es auch einfachere Varianten, die weniger strikt sind und darum auch leichter in den Alltag zu integrieren. Hier möchte ich ganz besonders das Naikan-Tagebuch empfehlen. Nimm dir fest vor, dir einige Wochen lang Zeit für die betreffenden Fragen von Naikan zu reservieren. Am besten notierst du dir dazu in deinem Kalender feste Zeiten, die immer jeweils mindestens eine Stunde lang sein sollten. Beginnen sollte man zunächst mit der eigenen Mutter, dann dem Vater, und später erst nimmt man enge Verwandte und Freunde hinzu. Achte darauf, der dritten Frage ein besonderes Gewicht zu schenken, sie sollte etwa die Hälfte der Zeit in deinem Fokus stehen.

Alternativ kannst du auch jeden Abend etwa eine halbe Stunde Naikan ausüben. Mach dir den Tag bewusst und stell dir diese drei Fragen:

- Was habe ich heute von welchen Menschen bekommen?

- Was habe ich anderen Menschen gegeben?

- Welche Probleme und Schwierigkeiten habe ich anderen Menschen bereitet?

Wenn du dieses Tagebuch eine Weile lang gemacht hast, schau dir deinen Tag an. Merkst du, wie sich dein Bewusstsein schärft? Wie du beginnst, Wertschätzung und Dankbarkeit für Dinge zu entwickeln, die du früher noch übersehen hast? (Näheres findet sich zu diesem Thema unter *www.naikan.de*.)

Wie wichtig die Klärung unserer Probleme mit der eigenen Mutter ist, zeigt auch John Diamond in seinem Buch *Der Körper lügt nicht*. Er vertritt die Auffassung, alle Probleme mit anderen Menschen entspringen unserem tief verwurzelten unterbewussten Glauben, von unserer Mutter zu wenig Zuneigung erhalten zu haben. Insgeheim haben wir eine Ablehnung, ja einen Hass gegen das Prinzip Mutter als den Menschen, der uns auf die Welt gebracht hat. Wir geben diesem Prinzip unbewusst die Schuld, dass wir auf der Welt sind und damit allem Unglück, das uns widerfährt. Nach dem Motto »Hätte Mutter uns nicht geboren, wäre uns das Ganze (unser Leben, unsere Probleme, unsere Schmerzen usw.) erspart geblieben.«

Resultierend daraus projizieren wir diese Ablehnung gegen die Mutter auf andere Menschen, ja sogar auf das Leben als solches. Alles dient uns als Spiegel für unsere Ablehnung. Und natürlich lehnen wir damit uns selbst und unser Leben ab. Wer

Rachegedanken hegt – und seien sie noch so unbewusst –, dem kann es nicht wirklich gut gehen. Alles ist eine Projektion.

»Meine Mutter hat mich nicht ausreichend geliebt« führt zum Kampf gegen das Leben selbst (Diamond nennt beispielsweise Umweltzerstörung oder auch die Unterdrückung der Frau überhaupt als Auswirkungen dieses Themas.) Aber zum Glück lassen sich Einstellungen ja auch ändern. Naikan kann offenlegen, welche positiven Seiten auch meine Mutter hat. Dies öffnet die Scheuklappen, denn zumeist sind wir auf nur wenige negative Momente konzentriert, die wir herausheben. Die positiven übersehen wir zumeist. Auch wenn die Mutter nicht mehr lebt, kann man ihr Freundlichkeit entgegenbringen, einfach dafür, dass sie uns geboren hat. »Mutter, ich bin dir so dankbar, dass du mich auf die Welt gebracht hast!« Die Formulierung darf man dabei ruhig selbst wählen.

Innenschau durch Naikan schenkt eine vertiefende und neue Auffassung vom Leben. Statt über all das zu klagen, was den ganzen Tag schiefgelaufen ist, sammle ich stattdessen Dinge, die funktionieren. Nur beachte ich sie normalerweise einfach nie. Nach dem Motto »Okay, die Waschmaschine ist gerade kaputtgegangen. Aber ganz viele Geräte in meinem Haus sind doch noch in Ordnung: der Rasenmäher, die Kaffeemaschine und der Fernseher auch. Danke, ihr Alltagsgeräte, dass ihr so reibungslos funktioniert. Endlich bemerke ich, was ich an euch habe.«

Gut, ich ärgere mich gerade über meinen Arbeitskollegen. Aber was habe ich denn schon alles von ihm bekommen? Vielleicht finde ich da Begriffe wie Aufmerksamkeit, Wertschätzung, Vertrauen oder Anteilnahme. Welche Probleme habe ich meinem Arbeitskollegen schon bereitet?

Nachwort

Wenn du den Cañon vor den Stürmen schützen
würdest, würdest du nie die Schönheit seiner
zerklüfteten Gebilde sehen. (Elisabeth Kübler-Ross)

Auch aus Steinen, die einem in den Weg gelegt werden,
kann man Schönes bauen. (Johann Wolfgang von Goethe)

Es scheint fast so, als würde unser Universum in jedem Moment bei mir abfragen: »Was wünschst du dir mehr in deinem Leben?!« Und wir antworten unbewusst auf diese Frage durch unsere aktuellen Gefühle und Gedanken. Ohne dass wir es wirklich bemerken, stehen wir immerfort in Kontakt mit der Schöpfung und bestellen dabei. Wenn ich zum Beispiel sauer bin auf meinen Expartner, der mich vor Jahren verlassen hat, beschäftige ich mich immer noch mit diesem Menschen und gebe ihm Energie durch meine Aufmerksamkeit, meine Gedanken und Gefühle.

Eine Leserin war genau in dieser Situation und bestellte sich daher einen neuen Partner. Da bemerkte sie, welchen ablehnenden inneren Zustand sie gegen das Prinzip Mann einnahm, und wurde sich darüber klar, dass sie sich damit nur selbst torpedierte. Darum praktizierte sie ein Vergebungsritual, und es gelang ihr damit wirklich, ihren Expartner anzunehmen. Schon nach kurzer Zeit konnte sie uns von einer neuen Beziehung berichten. Sie selbst hatte durch ihren Zustand eine innere Abwehrhaltung eingenommen, die wie eine Barriere gegen jeden neuen Mann wirkte.

Genau so wirkt Ho'oponopono. Ich ändere meinen inneren Zustand hin zu Frieden und Harmonie. Denn ich weiß, wenn ich im Unfrieden oder gar im Kampf bin, wird dies noch mehr Dinge dieser Art in mein Leben ziehen. Neu ist vor allem die Konsequenz, mit der die Hawaiianer dieses Prinzip anwenden. Ihrer Meinung nach ist jedes Problem in meinem Leben aus mir selbst entsprungen. Egal, ob mir das bewusst ist oder nicht. Das betrifft meine persönlichen Probleme wie auch Themen, die andere oder die sogar alle Menschen angehen. Weil wir mit allem verbunden sind, ohne es zu wissen, können wir Ho'oponopono auch mit globalen Themen wie der Wirtschaftskrise machen. In der hawaiianischen Sichtweise ist niemand getrennt von einem anderen Menschen. Wir alle sind verbunden. Nichts kann in meiner Welt geschehen, wozu es nicht eine Resonanz in meinem Inneren gibt.

**Ich bin meine eigene Grenze.
Denn ich nehme mich immer mit, überallhin.**

Ho'oponopono schenkt mir aber auch immer mehr Selbstverantwortung für mein Leben. Wo ich früher vielleicht zögerte, stehe ich dank dieser Technik heute mehr für mich ein.

Ho'oponopono bedeutet nicht, zu allem Ja und Amen zu sagen. Es bedeutet nicht, immer nur Opfer oder Opferlamm zu sein. Aber es bedeutet, mich mehr zu lieben und für mich einzustehen. Ich werde aktiv. Ich übernehme die Verantwortung für mein Leben.

Zum Glück funktioniert das Spiel *Wie innen – so außen* aber auch in der anderen Richtung. Jede Freundlichkeit, dir mir beim anderen auffällt, jedes Lächeln meines Gegenübers kann mir doch nur in mein Gesichtsfeld springen, weil diese Eigenschaft auch in mir selbst schlummert. Alles, was ich lobe, alles, für das ich dankbar bin, will mir nur verdeutlichen, dass ich selbst so bin. Das, worauf ich meinen Fokus richte, spiegelt mich wider. Wenn ich klage und jammere, nörgele ich im Grunde über mich selbst und meine Unzulänglichkeit. Wenn ich lobe und danke, beginne ich stattdessen meine eigenen positiven Eigenschaften zu erkennen, indem ich sie in meinem Gegenüber anspreche und anerkenne. Vielleicht ist vieles Gute in mir nur latent vorhanden, doch jeder Zuspruch für andere Menschen nährt und hegt diese meine Eigenschaften. So, wie ein guter Gärtner seine Samen gießt und pflegt, unterstützt auch jedes liebe Wort meine eigenen Samen von guten Eigenschaften. Gibt es einen schöneren Weg, um glücklich zu werden? Je mehr ich andere glücklich mache, umso glücklicher werde ich selbst.

Im Grunde bestellen wir nämlich immer. In jedem Moment, in jeder Sekunde. Unsere Gedanken werden Worte, unsere Worte werden Taten, unsere Taten werden unser Schicksal. Natürlich ist uns dies zumeist nicht bewusst.

Alles, was wir denken, fühlen und empfinden, strahlen wir nach außen aus. Damit nehmen wir ohne böse Absicht aber immer Einfluss auf unseren nächsten, zukünftig geschehenden Moment. Wir öffnen so eine bestimmte Tür unserer Zukunft, obwohl sehr viele andere zur Verfügung stehen würden, die uns glücklicher machen könnten. Gelingt es mir, ausgeglichen, achtsam und in innerem Frieden zu bleiben, so wird der nächste Moment dementsprechend sein. Diese Tür führt uns ins Paradies. Denn sie folgt dem Fluss des Lebens. Hadere ich mit dem Schicksal, bin ich zerrissen und aufgewühlt, so wird auch dies meine nähere Zukunft in diesem Sinne gestalten. Auch hier wird sich eine Tür öffnen, die mir sicher weniger gefallen wird.

Wir sind schöpferische, erschaffende Wesen, ob wir es wollen oder nicht. Und je eher wir uns dessen bewusst sind, umso näher kommt uns der Himmel.

Ho'oponopono ist mir zur Erlangung des inneren Friedens ein Schlüsselwerkzeug geworden. Es dient mir dazu, die Lernaufgaben auf meinem Lebensweg zu meistern. Hat mein Lebensweg Löcher, dann soll ich lernen, sie zu stopfen und zu beheben. Dabei lerne ich ganz natürlich, mit Schaufel, Hacke und Schubkarre umzugehen. Liegen viele Steine auf meinem Weg, werde ich mit Brechstange, Hammer und Meißel arbeiten lernen. Steht mein Weg voller Bäume, lerne ich zu sägen und das Beil zu schwingen. Jede dieser Qualitäten wird mir von meinem Lebensweg geschenkt.

Und wenn ich meine Fähigkeiten entwickelt habe, werden sich sicher Menschen finden, denen ich Lehrer sein darf und die meine Fertigkeiten ebenfalls erwerben möchten. Die Herausforderungen meines Lebensweges haben mir gezeigt, was in mir steckt. Und vielleicht war das am Ende viel mehr, als ich mir jemals zu erträumen wagte.

Die hawaiianische Vergebungsmethode zeigt mir, dass ich mein Schicksal selbst in der Hand habe. Der Stein auf meinem Lebensweg stammt aus meinem eigenen Rucksack. Ich selbst habe ihn mir in den Weg gemogelt. Meine Probleme entstehen aus mir. Ich habe die Verantwortung. Ich bin kein Opfer, sondern ich stehe in Kontakt mit dem Universum.

In Verbundenheit
Manfred Mohr

ANHANG

Überblick über
Materialien zum Hoppen

Unser erstes Buch zum Hoppen von Bärbel und mir hat den Titel: *Cosmic Ordering – die neue Dimension der Realitätsgestaltung aus dem alten hawaiianischen Ho'oponopono.* Hier wird die neue Technik erstmals vorgestellt. Beigefügt ist eine DVD, mit deren Hilfe man mithoppen und üben kann.

Dieses Buch gibt es auch als gleichnamiges Hörbuch beim ri-wei Verlag, Regensburg (*www.riwei-verlag.de*). Bei demselben Verlag ist auch die DVD *Ho'oponopono* von mir erschienen, bei der ich besonders meine Herzenstechnik näher erkläre.

Zeitgleich zum Buch *Verzeih Dir* erscheint beim Schirner Verlag ein kleines Buch, das sich ebenfalls besonders mit der Herzenstechnik auseinandersetzt: *Das kleine Buch vom Hoppen – Den Weg des Herzens gehen mit Ho'oponopono.*

Unter *www.baerbelmohr.de* gibt es im kostenlosen Forum eine eigene Unterseite zum Hoppen. Hier kann jeder mit Gleichgesinnten online eigene Themen zum Mithoppen einstellen.

Unter *www.cosmic-ordering.de* haben wir alles Wissenswerte zum Hoppen online gestellt. Hier ist auch Näheres zur Ausbildung zum Coach für positive Realitätsgestaltung beschrieben, die sehr stark am Hoppen orientiert ist. Ich biete sie in jedem Jahr wieder an, sie umfasst vier Wochenenden.

Anbieter regionaler Hoppings
im deutschsprachigen Raum

Deutschland

48165 Münster
Katharina Martiny
ina-martiny@muenster.de
www.curriculum-lebens-
freude.de
Telefon 02501/98 19 461
Mobil 0172/273 66 19
Einzel- und Gruppenhoppen,
Workshops, Seminare
(Münster, Erkrath)
(telefonische) Beratungen/
Coachings

50859 Köln
Dagmar Hellriegel
Telefon 02234/94 99 688
www.licht-und-klangbilder.de
Einzel- und Gruppenhoppen

74321 Bietigheim
energy-centrum
Freiberger Str. 51
74321 Bietigheim-Bissingen
Telefon 07142/77 77 60
Fax 07142/77 77 59

Mobil 0171/970 58 44
j.bezner@energy-centrum.de
www.energy-centrum.de

74369 Löchgau und
91717 Wassertrudingen
Anke Krause
anke.krause25@freenet.de
www.das-stueck-weg.de
Telefon 09832/99 75 (bitte
vorher anmelden),
Einzel- und Gruppenhoppen
Termin: in Löchgau immer
letztes Wochenende im
Monat, immer Freitag von
19.00 Uhr bis 22.00 Uhr

78467 Konstanz
Jasmin Heider
Jasmin239@gmx.de
Telefon 07531/891 96 78
Einzel- und Gruppenhoppen
Coach für Bewerbungen/
Vorstellungsgespräche
Systemische Beratungen

83059 Kolbermoor
Marion Reiter
reitermarion@hotmail.com
www.innereklarheit.de
Telefon: 0176/55 04 83 80

Einzel und Gruppenhoppen
Vorträge, Workshops, Kör-
per-Geist-Seele-Balancen,
Coachings, Mediale Beratung,
Meditation

Schweiz

CH-6210 Sursee
Sonja Aeschbacher
Kottenmatte 3
Telefon +41/921 08 84
sonja.aeschbacher@sonjana.ch
www.sonjana.ch
Einzel- und Gruppenhoppen
Ganzheitliche Lebensberatung
Komplementärtherapeutin
OdA KTTC
Akupunkt-Massage nach

Penzel (anerkannt durch
Krankenkassen mit Zusatz-
versicherung)

CH-8475 Ossingen
Heidi Jöhl
8475 Ossingen, Steinerstr. 12
Heidi.joehl@philips.com
Telefon +41/79 860 04 02/
+41/79 373 80 60
Einzel- und Gruppenhoppen

Österreich

A-Wien
Christin Gotz
christin.gotz@aon.at
www.raumundzeitfuerdich.at
Telefon mobil +43/676 94 21 200
Einzel- und Gruppenhoppen
Coachings/Workshops

Verwendete Literatur

Walter Russell: *Die Botschaft der Göttlichen Iliade*, Genius, Bremen, 2005

Will Bowen: *Einwand-frei*, Goldmann-Arkana, München, 2008

John Diamond: *Der Körper lügt nicht*, VAK, Kirchzarten, 2006

Steven Levitt: *Freakonomics*, Goldmann, München, 2007

Eugen Herrigel: *Zen in der Kunst des Bogenschießens*, O.W. Barth, München, 2010

Masuro Emoto: *Die Botschaft des Wassers*, Koha, Burgrain, 2002

Links

Manfred Mohr: www.manfredmohr.de, www.baerbelmohr.de

Hoppen: www.cosmic-ordering.de

Steven Levitt: www.freakonomics.com

Koreanisches Zen-Kloster: www.hanmaum-zen.de

Naikan: www.naikan.de

Was würde die Liebe tun: www.healyourworld.de

Bücher von Manfred Mohr

Gedichte, die das Herz berühren, ri-wei, Regensburg, 2009
Dein Herz hat einen Namen, ri-wei, Regensburg, 2010
Die fünf Tore zum Herzen, Koha, Burgrain, 2011
Die Kunst der Leichtigkeit, Ullstein, Berlin, 2011
Das Wunder der Dankbarkeit, Gräfe und Unzer, München, 2012
Das kleine Buch vom Hoppen, Schirner, Darmstadt, 2013

Bücher von Bärbel Mohr
und von Bärbel und Manfred Mohr

Bestellungen beim Universum, Omega, Aachen, 1998
Bestellungen beim Universum, Hörbuch, AXENT,
  Augsburg, 2000
Der kosmische Bestellservice, Omega, Aachen, 1999
Nutze die täglichen Wunder, Koha, Burgrain, 2001
Dem Teufel sei Dank, Wu-Wei, Schondorf, 2001
Reklamationen beim Universum, Omega, Aachen, 2001
Der Skeptiker und der Guru, Omega, Aachen, 2002
Der Wunschfänger-Eengel (mit Dieter M. Hörner),
  Nietsch, Freiburg, 2004
Jokerkarten für die Bestellungen beim Universum, Omega,
  Aachen, 2004
Neue Dimensionen der Heilung, Ullstein, Berlin, 2006
Neues vom Wunschfänger-Engel, (mit Clemens Mohr),
  Nietsch, Freiburg, 2005

Lichtkinder, Buch und Kartenset, Koha, Burgrain, 2005

Die Mohr-Methode (mit Clemens Maria Mohr), Buch, Kartenset und CD, Koha, Burgrain, 2005

Mein Wundertagebuch, Koha, Burgrain, 2006

Übungsbuch zu den Bestellungen beim Universum, Omega, Aachen, 2006

Das Universum, das Wünschen und die Liebe, Ullstein, Berlin, Buch und Hörbuch, 2007

Sex wie auf Wolke 7, Koha, Burgrain, 2005

Wunschkalender 2007–2013 (mit Pierre Franckh), Koha, Burgrain, 2006

Fühle mit dem Herzen und du wirst deinem Leben begegnen (mit Manfred Mohr), Buch und CD, Koha, Burgrain, 2007

Shopping-Guide für inneren Reichtum, Ullstein, Berlin, 2009

Mama, wer ist Gott?, Nietsch, Freiburg, 2007

Bärbel Mohrs Cosmic Ordering, Ullstein, Berlin, 2008

Cosmic Ordering – die neue Dimension der Realitätsgestaltung (mit Manfred Mohr), Koha, Burgrain, 2008

Aktiviere das ewig Heile in dir, CD, Koha, Burgrain, 2008

Große Krise – große Chance, Koha, Burgrain, 2009

Lieferungen vom Universum, Omega, Aachen, 2009

Arbeitslos und trotzdem glücklich, Koha, Burgrain, 2009

Zweisam statt einsam, Koha, Burgrain, 2009

Zweisam statt einsam, DVD, ri-wei, Regensburg, 2009

Bestellungen aus dem Herzen, (mit Manfred Mohr), Omega, Aachen, 2010

Die 21 goldenen Regeln, Ullstein, Berlin, 2010

Das Wunder der Selbstliebe (mit Manfred Mohr), Gräfe und Unzer, München, 2011

Jetzt auf

80 Jahre Lebens- weisheit

**LOUISE L. HAY und
CHERY RICHARDSON
Ist das Leben nicht
wunderbar!**
224 Seiten
€ [D] 14,99 / € [A] 15,50
sFr 20,90
ISBN 978-3-7934-2230-3

Louise L. Hay und *Cheryl Richardson,
zwei der bekanntesten spirituellen Autorinnen,
bereisen gemeinsam die USA und Europa.
Ihre Erlebnisse fassen sie in diesem Buch zusammen und ermöglichen so den LeserInnen die
Anwendung ihres reichen Erfahrungs-
schatzes für das eigene Leben.*

Der Super-
bestseller aus
Brasilien

Allegria

AUGUSTO CURY
Der Traumhändler
272 Seiten
€ [D] 16,99 / € [A] 17,50
sFr 23,90
ISBN 978-3-7934-2231-0

*Was wäre, wenn jemand uns heute
die christliche Botschaft vorlebte – würden
wir ihm folgen? Ein geheimnisvoller Mann
streift durch die Straßen der Großstadt
und verkauft Träume an Menschen, die es
längst nicht mehr wagen zu träumen.
Ein Betrüger? Ein Psychopath? Ein Weiser?
Ein Philosoph?*